古代歷史文化研究輯刊

二五編

王明蓀 主編

第2冊

西周金文土田問題考論（下）

唐洪志 著

國家圖書館出版品預行編目資料

西周金文土田問題考論（下）／唐洪志 著 -- 初版 -- 新北市：
花木蘭文化事業有限公司，2021〔民 110〕
目 4+166 面；19×26 公分
（古代歷史文化研究輯刊 二五編；第 2 冊）
ISBN 978-986-518-304-2（精裝）
1. 土地制度 2. 金文 3. 西周史
618　　110000131

ISBN-978-986-518-304-2

古代歷史文化研究輯刊
二五編　第二冊　　ISBN：978-986-518-304-2

西周金文土田問題考論（下）

作　　者　唐洪志
主　　編　王明蓀
總 編 輯　杜潔祥
副總編輯　楊嘉樂
編　　輯　許郁翎、張雅淋　美術編輯　陳逸婷
出　　版　花木蘭文化事業有限公司
發 行 人　高小娟
聯絡地址　235 新北市中和區中安街七二號十三樓
　　　　　電話：02-2923-1455／傳真：02-2923-1452
網　　址　http://www.huamulan.tw 信箱 service@huamulans.com
印　　刷　普羅文化出版廣告事業
初　　版　2021 年 3 月
全書字數　285199 字
定　　價　二五編 15 冊（精裝）台幣 45,000 元

西周金文土田問題考論（下）

唐洪志 著

目次

上冊

下　冊

第三章　西周金文中的土田轉讓

《詩．小雅．北山》:「溥天之下，莫非王土。」又《禮記．王制》記先秦「田里不粥，墓地不請」。若依這兩條材料，則西周土地王有，不得轉讓。

一般來說，土地能否分割、轉讓是衡量一個社會土地是否私有的重要標準。恩格斯在論述雅典國家的產生時說：

從有成文歷史的時候起，土地已被分割而成了私有財產，這種情形正是和野蠻時代高級階段末期已經比較發達的商品生產以及與之相適應的商品交易相符合的……債務契約和土地抵押（雅典人已經發明了抵押辦法）既不理會氏族，也不理會胞族。〔註1〕

顯然是受上述觀點影響，郭沫若一度認為西周金文中「土地可以任意分割，而耕種土地者為臣僕俘虜，無所謂井里制」。〔註2〕有趣的是，郭沫若後來又推翻自己的看法，認為西周存在過井田制度。〔註3〕郭氏的後一看法其實是回歸西周土地王有的舊說，此舉引來不少學者非議，詳本文緒論。

〔註1〕中共中央馬克思恩格斯列寧斯大林著作編譯局編譯:《馬克思恩格斯全集》(第2版）第21卷，頁125、127。趙儷生《中國土地制度史》（齊魯書社，1984年，頁184～188）對馬克思的土地理論有所評述，可參。

〔註2〕郭沫若:《中國古代社會研究》1930年初版，上海聯合書店印行；今據《郭沫若全集．歷史編》第1卷，人民出版社，1982年，頁259。

〔註3〕郭沫若:《古代研究的自我批判》1945年初版，重慶聯合書店印行，今據《郭沫若全集．歷史編》第2卷，人民出版社，1982年，頁25、31、38。

附表一：土田轉讓類金文解析表

序號	器名	時代	出讓方	受讓方	轉讓地域
1	格伯簋	恭王	倗生	格伯	可能在山西潞城一帶
2	五祀衛鼎	恭、懿	邦君厲	裘衛	陝西，可能在今千陽縣一帶
3	三年衛盉	恭、懿	矩伯	裘衛	陝西
4	九年衛鼎	恭、懿	矩伯	裘衛	陝西
5	曶鼎	懿	匡	曶	陝西
6	大簋蓋	厲王	趞睽	大	不詳
7	鬲比盨	厲王	章、复	鬲比	不詳
8	鬲比鼎、簋	厲王	攸衛牧	鬲攸比	攸，可能在今豫、皖交界的宿州市一帶
9	散氏盤	厲王	夨國	散國	陝西，汧水流域寶雞、鳳翔一帶
10	吳虎鼎	宣王	虞蓋	虞虎	陝西，今西安市丈八溝、魚化寨一帶

1983 年，李學勤發表《西周金文中的土地轉讓》，指出《禮記．王制》是博士諸生奉漢文帝之命而作，其中關於「田里不粥」的記載可能有理想成份；金文證明西周已存在土地轉讓。〔註 4〕西周「田里不粥」的傳統認識再次受到嚴峻挑戰。目前，爭議的焦點已轉向金文土田轉讓事件性質的探討上。

本章搜集到的金文土田轉讓事件共有十例（見附表一），〔註 5〕茲分土田轉讓主體、轉讓事件、轉讓性質等三節展開論述。

第一節　金文土田轉讓主體及相關人物考論

土田轉讓類金文中出現的轉讓雙方大多是具體的某些人，但他們和轉讓「標的」之間的關係，可能遠比我們目前瞭解的情形複雜；〔註 6〕為了避免誤解，我們採用了一個比較寬泛的概念——轉讓主體，而不是地主、所有者或

〔註 4〕李學勤：《西周金文中的土地轉讓》，原載《光明日報》1983 年 11 月 30 日，載入《李學勤學術文化隨筆》，中國青年出版社，1999 年，頁 266。《禮記正義．王制》孔穎達《疏》引盧植云：「漢文帝令博士諸生作此篇。」

〔註 5〕劉傳賓《西周青銅器銘文土地轉讓研究》（吉林大學 2007 年碩士學位論文，頁 2）以為周王直接將土地賜給貴族的事例不涉及任何第三方，應當排除在轉讓的範疇之外。本文即依此標準論列土田轉讓類金文。

〔註 6〕李學勤：《西周金文中的土地轉讓》，原載《光明日報》1983 年 11 月 30 日，收入《李學勤學術文化隨筆》，中國青年出版社，1999 年，頁 272。

其他類似的概念。本節的目的，主要是儘量搜集各轉讓主體的相關信息，為後文的深入討論作準備。

一、土田轉讓主體考論

第一例，格伯簋

出讓方：倗生。

受讓方：格伯。

倗為國族氏名，倗生即倗甥，是倗氏婦女所生子。〔註 7〕2004 年山西絳縣橫水鎮倗國墓發現的方座簋銘有「倗伯作畢姬寶旅簋」，〔註 8〕倗生之母可能來自山西倗國。〔註 9〕曩仲觶銘（《集成》12.6511）有「曩仲作倗生飲壺」，曩仲為西周中期前段曩國公族。〔註 10〕春秋早期曩公壺（《集成》15.9704）之曩，郭沫若認為非姒姓杞國，而是姜姓紀國，在山東壽光一帶，魯莊公四年被齊國消滅。〔註 11〕1969 年山東煙台市上夼村發現西周中晚期的曩侯弟鼎（《集成》5.2638），齊文濤據此認為姜姓曩國當在煙台一帶。〔註 12〕今按，曩仲觶與曩侯弟鼎銘的字體結構極其相似，曩仲、曩侯當是同一國族之人；無論是在壽光或在煙台，曩國肯定在山東境內。若格伯簋和曩仲觶的倗生確屬同一人，則倗生與山東曩國亦有密切關係。

格伯，又見於格伯簋（《集成》7.3952）「格伯作晉姬寶簋」。吳鎮烽認為，格伯是格氏家族首領，夫人為晉姬。〔註 13〕按，《世本》：「女子稱國及姓。」《左傳．文公十四年》記邾文公二妃「晉姬」所生捷菑在邾文公死後投奔晉國，後來「趙盾以諸侯之師八百乘納捷菑於邾」，此晉姬為晉君之女。

〔註 7〕張亞初：《兩周銘文所見某生考》，《金文文獻集成》第 40 冊，頁 256、257。張亞初據格伯簋銘末族徽認為倗生是姬姓周氏。

〔註 8〕山西省考古研究所、運城市文物工作站等：《山西絳縣横北西周墓發掘簡報》，《文物》2006 年 8 期。

〔註 9〕陝西有鄘地，《說文》：「鄘，右扶風鄠縣。」陳直（《讀金日札》中華書局，2008 年，頁 73）以為鄘即金文的倗。現在看來，陳說似不妥。上海博物館收藏有冒鼎，銘文中有「晉侯令冒追于倗」，馬承源《新獲西周青銅器研究二則》（《上海博物館集刊》第 6 期「建館四十週年特輯」，上海古籍出版社，1992 年，頁 154）認為冒鼎「倗」是西周晉北疆的蒲，現在看來馬說也不妥。

〔註 10〕吳鎮烽：《金文人名彙編》（修訂本），中華書局，2006 年，頁 296。

〔註 11〕郭沫若：《兩周金文辭大系圖錄考釋》，《金文文獻集成》第 21 冊，頁 500。

〔註 12〕齊文濤：《概述近年來山東出土的商周青銅器》，《文物》1972 年 5 期。

〔註 13〕吳鎮烽：《金文人名彙編》（修訂本），中華書局，2006 年，頁 251。

以此例之，格伯簋的晉姬很可能也是晉君之女，則格伯可能是一國之君，和晉姬的地位相當。格伯簋的族徽「[illegible]」還見於其他銅器，〔註 14〕其中[illegible]父己爵（《集成》14.8579）、[illegible]父辛爵（《集成》14.8642）等器用日名，則[illegible]族似非姬姓。〔註 15〕《國語・鄭語》記成周之北有「潞」，韋昭《注》潞為隗姓赤狄。隗金文作媿，古文隗、媿、褢、懷互通，或以為金文之媿即分授給唐叔虞的懷姓九宗，主要活動於陝北、晉南一帶。〔註 16〕格、潞均從各得聲，格伯可能就是潞伯。〔註 17〕《左傳・宣公十五年》記潞國君潞子嬰兒的夫人為晉景公之姊，晉人稱作「伯姬」，可見晉、潞兩國曾有婚姻關係。後因酆舒殺害伯姬，晉國出師擄走潞子嬰兒，潞國滅亡。楊伯峻《注》潞國在今山西潞城縣東北四十里。《穀梁傳》評論此事說：「其曰潞子嬰兒，賢也。」華夏族的典籍稱讚赤狄潞子之「賢」，可見其文明程度較高。最近山西翼城大河口西周墓地發現被中原商周文化同化的狄族墓葬，葬制保留了大量腰坑，但墓中出土中原風格的青銅禮器，器銘「霸伯」，借此亦可窺見部份狄族的文明程度。〔註 18〕若格伯即潞伯，則格伯簋土田轉讓的地點可能在山西潞城一帶。

有學者認為，西周金文凡言「王在」某地者，均表示時王蒞臨其地或與該項事情有關聯，而不是一般的記時之詞。〔註 19〕依此說，簋銘記「王在成周」，也暗示格伯簋的土地轉讓發生在東方。

格伯簋的命名有爭議，或以為器主是倗生，故名作倗生簋。〔註 20〕按，

〔註 14〕《集成》7.3835、7.3915、9.4380、10.5406、15.9690～9691。

〔註 15〕張懋鎔：《周人不用日名說》，《歷史研究》1993 年 5 期。

〔註 16〕陳公柔：《說媿氏即懷姓九宗》，《古文字研究》第 16 輯，中華書局，1989 年，頁 216、217。

〔註 17〕牛濟普《格國、倗國考》（《中原文物》2003 年 4 期）據戰國陶文「格氏」、「格氏左司工」等認為格國在今河南省滎陽市北一帶。可備一說。但牛濟普說讀「格」為「葛」，吳良寶《談戰國文字地名考證中的幾個問題》（華東師範大學中國文字研究與應用中心主辦「網絡時代與中國文字研究」國際高級專家研討會會議論文，2010 年 9 月 16 至 19 日，頁 138）已辯其非，可參看。

〔註 18〕中國文物網（http://www.wenwuchina.com/news/detail/201101/12/78919.shtml）。

〔註 19〕陳公柔：《西周金文中的法制文書述例》，《容庚先生百年誕辰紀念文集》，廣東人民出版社，1998 年，頁 319。

〔註 20〕劉傳賓：《西周青銅器銘文土地轉讓研究》，吉林大學 2007 年碩士學位論文，頁 20～22。

格伯簋銘末有「用典格伯田」，此「典」當訓作記錄，〔註 21〕器主格伯為記錄買田之事而鑄器。

第二例，五祀衛鼎

出讓方：邦君厲。

受讓方：裘衛。

邦君厲，唐蘭認為是西周王畿內小國國君。〔註 22〕「邦君」見於靜簋（《集成》8.4273）、豆閉簋（《集成》8.4276）、梁其鐘（《集成》1.187～8）等器，亦習見於《尚書》、《論語》等典籍，舊註「邦君」為諸侯。衛鼎發現於陝西岐山縣董家村銅器窖穴，〔註 23〕鼎銘「厲田」東部、南部鄰接著名的散田（詳第九例），則厲的國土可能在今陝西千陽縣一帶。

裘衛，單稱「衛」，裘是氏，衛是名。〔註 24〕李學勤據和裘衛諸器同出的兩件榮有司爯鬲指出，裘衛家族當為嬴姓，地位比較卑微。〔註 25〕或以為裘衛是掌管皮裘生產的小官，是董家村銅器群的第一代器主，其後還有第二代公臣、第三代旅伯和最晚的榮有司爯等，整個家族可稱作裘衛家族。〔註 26〕典籍有司裘，《周禮・天官・敘官》：「司裘中士二人，下士四人，府二人，史四人，徒四十人。」《司裘》：「司裘掌為大裘，以共王祀天之服。」司裘的屬官有掌皮。《考工記》有「裘氏」，職掌缺載。與衛鼎同出的二十七年衛簋（《集成》8.4256）記周王賞賜裘衛朱衡、鑾等物，佑者為南伯。由此看來，裘衛的身份未必卑微。

第三、四例，三年衛盉、九年衛鼎

出讓方：矩伯。

受讓方：裘衛。

第三方：顏陳（九年衛鼎）。

〔註 21〕詳本文第四章第二節。

〔註 22〕唐蘭：《陝西省岐山縣董家村新出西周重要銅器銘辭的譯文和注釋》，《文物》1976 年 5 期。吳鎮烽：《金文人名彙編》（修訂本），中華書局，2006 年，頁 135。

〔註 23〕龐懷清：《陝西省岐山縣董家村西周銅器窖穴發掘簡報》，《文物》1976 年 5 期。

〔註 24〕張亞初、劉雨：《西周金文官制研究》，中華書局，1986 年，頁 51。

〔註 25〕李學勤：《試論董家村青銅器群》，《新出青銅器研究》，文物出版社，1990 年，頁 99。

〔註 26〕周瑗：《矩伯、裘衛兩家族的消長與周禮的崩壞——試論董家村青銅器群》，《文物》1976 年 6 期。

矩伯，或單稱矩，吳鎮烽認為是矩國族首領，名庶人，妻為矩姜。〔註 27〕按，矩叔壺銘（《集成》15.9651）有「矩叔作仲姜寶尊壺」，河北遷安縣發現的矩爵簋銘有「矩爵作寶尊彝」，〔註 28〕可見「矩」為氏稱無疑。〔註 29〕金文矩國無考，但先秦矩、渠同音，《左傳・桓公四年》記周王有宰名渠伯糾，此渠氏不知與西周的矩氏是否有淵源關係。〔註 30〕

顏陳，顏氏，名陳，吳鎮烽認為是矩伯下屬的小奴隸主。〔註 31〕關於顏陳，九年衛鼎銘相關原文如下：

> 廼舍裘衛林晳里。𢼄氒（厥）隹（惟）顏林，我舍顏陳大馬兩。

金文「厥惟」句式參《尚書・多士》：「厥惟廢元命。」又《仲虺之誥》：「民之戴商，厥惟舊哉！」上引銘文，唐蘭翻譯為：

> 矩給裘衛林晳（音擬）里。這林木是顏的，我又給了顏陳兩匹大馬。〔註 32〕

李學勤指出，林晳里當為林孤里。〔註 33〕劉雨認為顏林是顏陣的，在林晳里中。〔註 34〕

今按，銘文記「履付」行為僅提「林孤里」，未提「顏林」，則「顏林」當包含在林孤里中，唐蘭等人的解釋可信。《詩・大雅・韓奕》：「于蹶之里。」毛《傳》里訓為邑。《左傳・襄公二十五年》記齊莊公葬於士孫之里。杜預《集解》：「士孫，人姓，因名里。」里可葬國君，當是兼居邑及其附屬土地而言。再考察林孤里，既包含林地，且移交之後還要「成封四封」，則林孤里也當是附有土地的邑落。

從職官顏有司壽商可以推定，顏陳必為貴族；但「履付」行動中，矩伯直接「𢳚令」顏陳的有司壽商做事，根本不見顏陣的身影；所以吳鎮烽說顏陣是矩伯下屬，似可信。由此例可知，西周邑里的財產權屬關係比較複雜。

〔註 27〕吳鎮烽：《金文人名彙編》（修訂本），中華書局，2006 年，頁 233。

〔註 28〕唐山市文物管理處等：《河北遷安縣小山東莊西周時期墓葬》，《考古》1997 年 4 期。

〔註 29〕曹淑琴：《伯矩銅器群及其相關問題》，《金文文獻集成》第 40 冊，頁 327。

〔註 30〕楊伯峻《注》認為渠伯糾可能以渠邑名氏。

〔註 31〕吳鎮烽：《金文人名彙編》（修訂本），中華書局，2006 年，頁 421。

〔註 32〕唐蘭：《陝西省岐山縣董家村新出西周重要銅器銘辭的譯文和注釋》，《文物》1976 年 5 期。

〔註 33〕李學勤：《試論孤竹》，《新出青銅器研究》，文物出版社，1990 年，頁 56。

〔註 34〕劉雨：《西周金文中的相見禮》，《金文論集》，紫禁城出版社，2008 年，頁 60。

第五例，曶鼎

出讓方：匡。

受讓方：曶。

匡，又稱匡季，所以匡當為氏稱。據曶鼎銘「匡眾厥臣廿夫」、「用眾一夫曰𠭯」，則匡的名下至少有二十個「臣」，一個「眾」。

曶，鼎銘記周王命曶繼承祖業管理占卜。周官有卜正，《左傳・隱公十一年》記滕侯說：「我，周之卜正也。」郭沫若據曶壺銘指出，曶是成周冢司徒而兼司卜事，可能是王朝的大卜。〔註 35〕《周禮・春官・敘官》：「大卜下大夫二人。」「卜師上士四人。卜人中士八人。」李學勤說，卜、史從小須受特種教育，職業上具有封閉性；因此，曶在他的一生中不會轉任其他性質的官職；西周金文中還有其他名曶的人，和曶鼎的曶都不是同一個人。〔註 36〕

吳鎮烽以為此人還見於下列諸器：〔註 37〕

> 大師虘簋（《集成》8.4251）：「王呼宰曶賜大師虘虎裘。」
>
> 蔡簋（《集成》8.4340）：「宰曶入佑蔡……王若曰：『蔡，昔先王既令汝作宰，嗣王家。今余唯申就乃令，令汝眔曶𫹭胥對，各從嗣王家外內，毋敢有不聞。嗣百工。出入姜氏令，厥有見有即令，厥非先告蔡，毋敢疾有入告。』」
>
> 曶壺蓋（《集成》15.9728）：「井公入佑曶，王呼尹氏冊令曶曰：『更乃祖考，作冢嗣土于成周八師。』」

今按，曶鼎之曶同上舉宰曶、曶壺之曶職守不同，姑存備考。〔註 38〕

阮元記畢沅在西安得到曶鼎，〔註 39〕由此推知曶鼎記事當發生在陝西。

第六例，十二年大簋蓋

出讓方：𧻚睽。

受讓方：大。

𧻚睽，唐蘭隸釋為「𧻚（音配）睽」。〔註 40〕金文僅此一見，餘無可考。

〔註 35〕郭沫若：《金文叢考・周官質疑》，《金文文獻集成》第 25 冊，頁 360。

〔註 36〕李學勤：《論曶鼎及其反映的西周制度》，《中國史研究》1985 年 4 期。

〔註 37〕吳鎮烽：《金文人名彙編》（修訂本），中華書局，2006 年，頁 210。

〔註 38〕張光裕：《新見曶簋銘文對金文研究的意義》，《文物》2000 年 6 期。

〔註 39〕〔清〕阮元：《積古齋鐘鼎彝器款識》，《金文文獻集成》第 10 冊，頁 125、126。

〔註 40〕唐蘭：《用青銅器銘文來研究西周史——綜論寶雞市近年發現的一批青銅器的重要歷史價值》，《文物》1976 年 6 期。

大，吳鎮烽以為此人還見於以下諸器：〔註41〕

十五年大鼎（《集成》5.2806～2808）：「王在𩛥侲宮，大以厥友守。王饗醴。王呼善大〔夫〕駛召大以厥友入攼（捍）。王召走馬膺，令取誰騆卅二匹賜大。」

十五年大簋蓋（《集成》8.4125）：「大作尊簋，用享于高祖、皇祖。」

六月大簋（《集成》8.4165）：「王在奠，蔑大曆，賜芻騂犅。」

按，十五年大鼎「大以厥友入攼（捍）」，可參師訇簋（《集成》8.4342）「率以乃友干（捍）吾（禦）王身」，都是作周王警衛。大作王宮警衛，當是周王信寵之臣。

第七例，𩰫比盨

出讓方：章、复。〔註42〕

受讓方：𩰫比。

章、复，據黃天樹考證，即章氏、复氏，是分別交付田地給𩰫比的貴族。〔註43〕晚周銅器有章叔將簋（《集成》7.4038），可見西周確有章氏。春秋晚期有復公仲簋蓋（《集成》8.4128），則春秋時期有復氏。

𩰫比，「𩰫」為氏，「比」是私名，〔註44〕後稱𩰫攸比，詳第八例。

第八例，𩰫比鼎、簋

出讓方：攸衛牧。

受讓方：𩰫比（𩰫攸比）。

攸衛牧，吳鎮烽認為牧是私名，攸衛為氏稱。〔註45〕柯昌濟認為衛牧可能是衛國君名，衛地當河南淇縣。〔註46〕郭沫若說，「汝覓我田牧」之「牧」

〔註41〕吳鎮烽：《金文人名彙編》（修訂本），中華書局，2006年，頁19。

〔註42〕劉傳賓對授田方進行了辨析，認為出讓者只有「章」一人（《西周青銅器銘文土地轉讓研究》，吉林大學2007年碩士學位論文，頁33）。按，盨銘「复」三見，理解為氏名可通讀銘文；「復」亦三見，可理解為「再」；复、復二字用法似有區別，所以我們仍採用黃天樹的觀點。

〔註43〕黃天樹：《𩰫比盨銘文補釋》，《黃天樹古文字論集》，學苑出版社，2006年，頁466。

〔註44〕裘錫圭：《釋「𠬝」》，《容庚先生百年誕辰紀念文集》，廣東人民出版社，1998年，頁155。

〔註45〕吳鎮烽：《金文人名彙編》（修訂本），中華書局，2006年，頁204。

〔註46〕柯昌濟：《韡華閣集古錄跋尾》，《金文文獻集成》第25冊，頁131。

非人名，郊外曰牧。〔註 47〕楊樹達認為攸是地名，衛為氏，牧是官職，司田稼之人稱為田牧，好比司舟之人稱作舟牧。〔註 48〕李學勤認為，攸衛牧與𠑇匜（《集成》16.10285）的「牧牛」相似，為職官名，不是名字。〔註 49〕

𠭯攸比，王國維指出，𠭯比得攸衛牧之地，故兼稱𠭯攸，如同晉國的瑕呂飴甥、吳國的延州來季子。〔註 50〕按，瑕呂飴甥是晉大夫，食采於呂、陰兩地，又稱呂甥、陰飴甥。《左傳・襄公三十一年》：「延州來季子。」楊伯峻《注》說，季札初封延陵，省稱「延」，後加封「州來」，所以連稱「延州來季子」。裘錫圭指出，𠭯攸比可能是厲王寵臣，與攸𠭯作旅盨（《集成》9.4344）之攸𠭯可能是同一人。〔註 51〕柯昌濟釋作鬲攸、比，認為鬲攸與比為二人，可能是兄弟，鬲國當山東德州；鬲、衛距離較遠，但西周時期兩國可能接壤。〔註 52〕

按，裘錫圭指出鼎銘「汝覓我田，牧弗能許𠭯比」之「覓」可讀為效，訓致、授，〔註 53〕可從。因此，「牧」最好還是理解成「攸衛牧」的私名。

卜辭中有「攸」，陳夢家以為即攸侯之國，其地在永城南、宿縣（引者按，今安徽北部宿州市）西北；《孟子・滕文公下》之「有攸」、《左傳・定公四年》殷民六族之「條氏」與卜辭之「攸」可能是一族；金文「王由攸」、「王如南眘」（引者按，即王罍《集成》15.9821、㝬尊《集成》11.5979）之攸、南眘或即《孟子》之「有攸」。〔註 54〕

𠭯比器銘末有族徽「ㄚ」，相同的族徽還見於商代ㄚ斝（《集成》15.9110），出土於河南安陽市侯家莊西北崗 M1400，𠭯比家族是商代遺民。至此，我們傾向於𠭯攸比之「攸」在東方。

𠭯比鼎、簋記王在周康宮𢓊大室，即夷王廟之太室。〔註 55〕1975 年陝西

〔註 47〕郭沫若：《兩周金文辭大系圖錄考釋》，《金文文獻集成》第 21 冊，頁 461。

〔註 48〕楊樹達：《積微居金文說》，《金文文獻集成》第 25 冊，頁 198。

〔註 49〕李學勤：《岐山董家村訓匜考釋》，《古文字研究》第 1 輯，中華書局，1979 年，頁 151。

〔註 50〕王國維：《鬲从簋跋》，《觀堂集林》（外二種），河北教育出版社，2003 年，頁 645。𠭯比，王國維稱鬲从。

〔註 51〕裘錫圭：《釋「覓」》，《容庚先生百年誕辰紀念文集》，廣東人民出版社，1998 年，頁 155。

〔註 52〕柯昌濟：《韡華閣集古錄跋尾》，《金文文獻集成》第 25 冊，頁 131。

〔註 53〕裘錫圭：《釋「覓」》，《容庚先生百年誕辰紀念文集》，廣東人民出版社，1998 年，頁 155。

〔註 54〕陳夢家：《殷墟卜辭綜述》，中華書局，1988 年，頁 306。

〔註 55〕唐蘭：《西周銅器斷代中的「康宮」問題》，《金文文獻集成》第 39 冊，頁 13。

岐山縣董家村窖藏出土西周晚期的此簋銘（《集成》8.4303）有「王在周康宮徲宮，旦，王各大室」，〔註 56〕這個「大室」當即周康宮徲大室。吳虎鼎記周宣王處理吳虎土田問題也是在周康宮徲宮，「徲宮」即夷宮，〔註 57〕《史記·魯世家》:「乃立稱於夷宮。」裴駰《集解》引韋昭說:「夷宮者，宣王祖父夷王之廟。古者爵命必于祖廟。」宰獸簋銘有「王在周師彔宮」，羅西章認為金文「周」即陝西扶風岐山兩縣交界處的周原。〔註 58〕總之，周厲王是在周原康宮夷大室受理鬲比起訴攸衛牧的。〔註 59〕

第九例，散氏盤

出讓方：夨國。

受讓方：散國。

夨國，姬姓，〔註 60〕早在商代已建國，存續至西周晚期，是周王畿內的重要方國（見下圖 1）；其地域包括汧水流域的隴縣、千陽、寶雞縣一帶，盤銘「濡」可能就是汧水；夨國和周室是臣屬和同盟關係。〔註 61〕

散氏盤銘的「氒授圖夨王于豆新宮東廷」，孫詒讓釋讀為「乃為圖夨，王于豆新宮東廷」，認為是周王剛好在豆地，前人將「夨王」連讀不妥。〔註 62〕按，金文中有「夨王」字樣的銅器，還有以下四件：

1. 夨王方鼎蓋（《集成》4.2149）:「夨王作寶尊鼎。」
2. 夨王簋蓋（《集成》7.3871）:「夨王作奠姜尊簋。」
3. 同卣（《集成》10.5398）:「夨王賜同金車、弓矢。」
4. 夨王觶（《集成》12.6452）:「夨王作寶彝。」

由此可知，西周確實存在夨王，散氏盤銘「夨王」當連讀。

〔註 56〕龐懷清:《陝西省岐山縣董家村西周銅器窖穴發掘簡報》,《文物》1976 年 5 期。

〔註 57〕李學勤:《吳虎鼎考釋——夏商周斷代工程考古學筆記》,《考古與文物》1998 年 3 期。

〔註 58〕羅西章:《宰獸簋銘略考》,《文物》1998 年 8 期。

〔註 59〕宗德生:《試論西周金文中的「周」》,《金文文獻集成》第 40 冊，頁 421。

〔註 60〕張政烺認為夨國是姜姓（《夨王簋蓋跋——評王國維〈古諸侯稱號王說〉》,《張政烺文史論集》，中華書局，2004 年，頁 706）。

〔註 61〕盧連成:《西周夨國史跡考略及相關問題》,《金文文獻集成》第 40 冊，頁 448。盧連成、尹盛平:《古夨國遺址、墓地調查記》,《文物》1982 年 2 期。

〔註 62〕〔清〕孫詒讓:《古籀餘論》,《金文文獻集成》第 13 冊，頁 119。

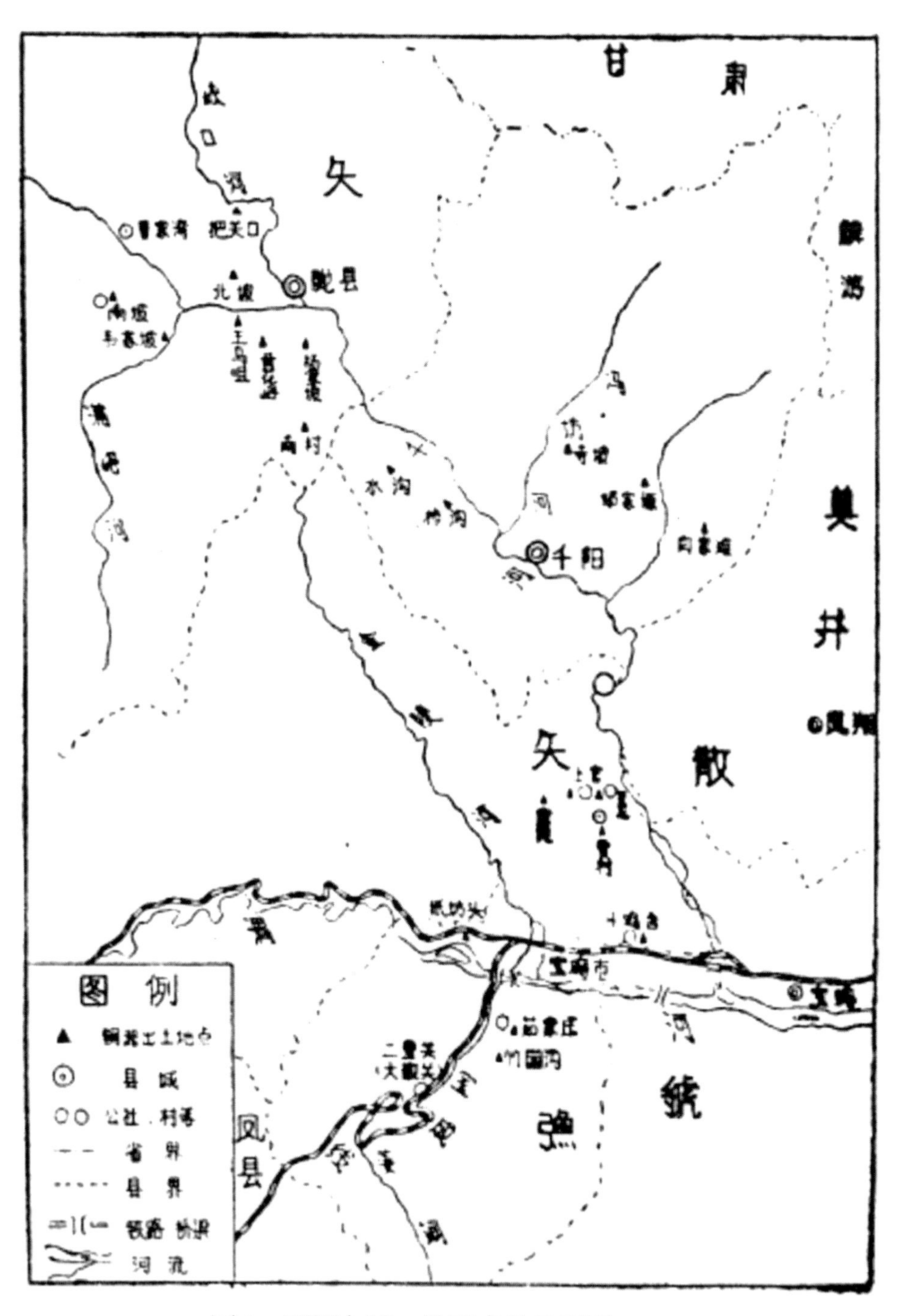

圖 1：西周夨國、散國方位示意圖〔註 63〕

〔註 63〕盧連成：《西周夨國史跡考略及相關問題》，《金文文獻集成》第 40 冊，頁 449。

散國，王國維據克鼎出於寶雞渭水南岸的記錄及克鼎銘「井家」與散氏盤銘「井邑田」推定散國距克鼎出土地不遠，就是《水經·渭水注》「大散關」、「大散嶺」的散。〔註 64〕盧連成經過深入分析，認為今寶雞汧渭合流以東和今千陽縣東北、鳳翔西北部地區是西周散國的地域。散國娶夨國宗室女子為妻，夨、散兩國是姻親，雙方既有聯合又有鬥爭。〔註 65〕

盤銘受讓方稱散氏，金文有散氏貴族鑄器的事例，茲選錄如下：

散伯簋（《集成》7.3777～3780）：「散伯作夨姬寶簋。」

散季簋（《集成》8.4126）：「散季肇作朕王母叔姜寶簋。」

散氏盤的命名有爭議，因涉及田地受讓方的確定，須略作說明。散氏盤又名乙卯鼎、乙卯鬲、散盤、夨人盤、西宮盤，〔註 66〕若以作器者命名，則主要是名散氏盤和名夨人盤之間的對立：名散氏盤即散氏為受讓方，散氏作器；名夨人盤即夨人為受讓方，夨人作器。阮元名作「散氏盤」，〔註 67〕吳式芬、〔註 68〕吳大澂、〔註 69〕孫詒讓〔註 70〕等從之。劉心源名作「夨人盤」，〔註 71〕郭沫若、〔註 72〕陳夢家〔註 73〕等從之。柯昌濟名作「散氏盤」，認為盤銘是說夨、散兩國分正疆域之事，散國即散宜生之國。〔註 74〕楊樹達指出，盤銘「廼即散用田」之「即」當訓「付與」，同曶鼎「廼或即曶用田二」之「即」用法相同。〔註 75〕今按，楊樹達以曶鼎銘「即」字為據，訓盤銘「即」為付與，非常精闢。據此可以論定名「散氏盤」合乎事實。盤銘是說夨、散兩國轉讓田地之事，夨為出讓方，散氏為受讓方。

〔註 64〕王國維：《散氏盤跋》，《觀堂集林》（外二種），河北教育出版社，2003 年，頁 439。

〔註 65〕盧連成：《西周夨國史跡考略及相關問題》，《金文文獻集成》第 40 冊，頁 451。

〔註 66〕劉傳賓：《西周青銅器銘文土地轉讓研究》，吉林大學 2007 年碩士學位論文，頁 40。

〔註 67〕〔清〕阮元：《積古齋鐘鼎彝器款識》，《金文文獻集成》第 10 冊，頁 173。

〔註 68〕〔清〕吳式芬：《攈古錄金文》，《金文文獻集成》第 11 冊，頁 403。

〔註 69〕〔清〕吳大澂：《愙齋集古錄》，《金文文獻集成》第 12 冊，頁 340。

〔註 70〕〔清〕孫詒讓：《古籀餘論》，《金文文獻集成》第 13 冊，頁 118。

〔註 71〕〔清〕劉心源：《奇觚室吉金文述》，《金文文獻集成》第 13 冊，頁 278。

〔註 72〕郭沫若：《兩周金文辭大系圖錄考釋》，《金文文獻集成》第 21 冊，頁 462。

〔註 73〕《斷代》（上冊），頁 345。

〔註 74〕柯昌濟：《韡華閣集古錄跋尾》，《金文文獻集成》第 25 冊，頁 158。

〔註 75〕楊樹達：《積微居金文說》，《金文文獻集成》第 25 冊，頁 199。

第十例，吳（虞）虎鼎
出讓方：吳（虞）蓋。
受讓方：吳（虞）虎。

李學勤據鼎銘指出，吳虎祖考為庚氏，所以吳虎之「吳」非吳氏，「吳」當讀作虞官之「虞」；並認為吳蓋可能是吳虎的先世，「如說二人沒有血緣關係，土地只是虞官的祿田，恐與當時的情事相遠。」〔註 76〕按，李說吳虎即虞虎，是虞官，可信。四十三年逑鼎銘記宣王命逑管理四方虞林，所以又稱作虞逑，即其例。

鼎銘記吳虎田界南與「畢人」鄰接。王輝認為此「畢」應該在今長安縣城（韋曲）西北，吳虎之田大約在今西安市丈八溝、魚化寨兩鄉範圍內，與吳虎鼎出土地申店（在韋曲南）無關。〔註 77〕

二、相關人物選考

（一）書史戠武、書尹友守史

格伯簋銘末有「氒書史戠武」，吳榮光釋出「戠」字，訓「徽識」，「書史戠」就是「書之史與徽，示之久遠也」，武是人名。〔註 78〕劉心源認為，書史是記事之吏；戠訓記，武訓步武，戠武就是記錄田地的面積。〔註 79〕楊樹達認為書史是官名，戠武是人名。〔註 80〕張亞初等指出，書史與中史（引者按，師旂鼎《集成》5.2809「中史書」）是性質相近的官吏。〔註 81〕

按，諸家釋「書史」為官吏，可信。再比較下面四例金文：

1. 吳虎鼎銘：「內司徒寺桒。」
2. 五祀衛鼎：「內史友寺芻。」
3. 善夫克盨：「尹氏友史趛典善夫克田人。」
4. 吳虎鼎銘：「書尹友守史。」

〔註 76〕李學勤：《吳虎鼎考釋——夏商周斷代工程考古學筆記》，《考古與文物》1998 年第 3 期。
〔註 77〕考古與文物編輯部：《吳虎鼎銘座談紀要》，《考古與文物》1998 年 3 期。
〔註 78〕〔清〕吳榮光：《筠清館金文》，《金文文獻集成》第 12 冊，頁 77。
〔註 79〕〔清〕劉心源：《奇觚室吉金文述》，《金文文獻集成》第 13 冊，頁 423。
〔註 80〕楊樹達：《積微居金文說》，《金文文獻集成》第 25 冊，頁 198。
〔註 81〕張亞初、劉雨：《西周金文官制研究》，中華書局，1986 年，頁 31、32。司法案件備案是中史的執掌之一。

比對例 1、2 可知，內史友必為職官；再比對例 2、3、4 可知，書尹友也當是職官。金文史官有尹氏、作冊、作冊尹等稱謂，作冊尹為史官之長，〔註 82〕例 3 尹氏友即史官長之部屬，〔註 83〕其職官仍為史；以此類推，則書尹友即書尹之部屬。書尹可能是《周禮》之司書，其下屬有史，《天官・敘官》：「司書上士二人，中士四人，府二人，史四人。」又《司書》掌「邦中之版，土地之圖，以周知入出百物。」史有摹畫山川地圖之責，《莊子・田子方》：「宋元君將畫圖，眾史皆至。」既然書史、書尹友負責摹畫地圖，其出現在土田轉讓事件中也就非常自然了。

（二）衛小子

「衛小子」見於裘衛諸器，或以為是裘衛的小兒子。〔註 84〕按，此說可商。趙世超指出，族長通稱為子，子為大宗，小子為小宗；相對周王來說，銅器中的宗小子、小子是小宗，同時他們在近親各支裏面又是大宗。〔註 85〕嚴志斌曾系統整理有關商周「小子」的古文字資料，搜集到甲骨文資料 11 例，金文資料 48 例 51 條，其中屬於商代的金文有 9 條，西周 43 條，東周 8 條。嚴志斌認為，從商代開始，「小子」多指大宗分族族長；周王自稱「小子」多在言及上帝百神或追記祖先功烈的場合，可能表示自謙；到戰國以後，宗族制社會（家庭）組織發生轉變，宗族制解體，作為小宗之長的「小子」稱謂逐漸消失；而「小子」表示自謙的用法則被保存下來，到後世又演變成一種輕慢的稱呼。〔註 86〕據前引趙、嚴二氏的研究，「小子」為小宗族長，則「衛小子」當是裘衛家族的小宗族長。裘衛諸器中，衛小子有[illegible]、[illegible]、逆等三人；由此推論，裘衛當是宗族長，裘衛家族是一個龐大的家族。

金文中有關小子的材料，除上引嚴志斌文章提到的 48 例之外，筆者又搜集到兩例，茲附於下：

1. 小子吉父甗：「□□□小子吉父作□□□寶……」〔註 87〕

〔註 82〕王國維：《釋史》，《觀堂集林》（外二種），河北教育出版社，2003 年，頁 134。

〔註 83〕張亞初、劉雨：《西周金文官制研究》，中華書局，1986 年，頁 59。

〔註 84〕吳鎮烽：《金文人名彙編》（修訂本），中華書局，2006 年，頁 375、376。

〔註 85〕趙世超：《周代國野制度研究》，陝西人民出版社，1991 年，頁 74。

〔註 86〕嚴志斌：《關於商周「小子」的幾點看法》，《文物春秋》2001 年 6 期。

〔註 87〕〔台〕鍾柏生、陳昭容等編：《新收殷周青銅器銘文暨器影彙編》，臺灣藝文印書館，2006 年，頁 30。

2. 圅皇盉：「余小子無薦于公室。」〔註 88〕

綜上所述，西周金文中的土田轉讓事件都在恭王以後，多數發生在今陝西地區，而格伯與倗生之間的交易則發生在東方。轉讓雙方代表不乏諸侯國君（如邦君厲、夨王）、周王親信（如大、𪕍攸比）和宗族族長（如裘衛），他們無疑都是貴族，是某一國族或某一家族的代表；這表明當時用於轉讓的土田應當屬於國族財產或家族財產，而不會是某一個人的私產。

第二節　金文土田轉讓事件考論

一、金文土田轉讓事件的類型

金文土田轉讓事件的類型，依據不同的標準就會有不同的分類結果。

李學勤以轉讓原因為標準，將金文中的土地轉讓事件分為賞賜、交易和賠償三類。〔註 89〕

李零依據銘文本身的表述，大致分為「取田」、「舍田」、「賈田」三類。〔註 90〕

李朝遠根據交換的「標的物」，把金文中的土地交換分為「以田易物」、「以田賠物」、「以田換田」三類，認為這種區分「反映的是土地交換過程中交換客體在不同條件下的流動」。〔註 91〕

劉傳賓綜合李學勤、李零的觀點，把金文中的土地轉讓劃分為轉賜、交換和賠償三類。〔註 92〕

我們認為，很難用單一的標準為金文中的土田轉讓事件分類，若兼顧土田轉讓銘文的用語特徵和土田轉讓的起因，大致可分為交易、轉賜、賠償等三類。茲分述如下：

〔註 88〕王長豐：《出圅皇盉銘文考釋》，《中原文物》2010 年 6 期。

〔註 89〕李學勤：《西周金文中的土地轉讓》，原載《光明日報》1983 年 11 月 30 日，載入《李學勤學術文化隨筆》，中國青年出版社，1999 年，頁 266、267。

〔註 90〕李零：《西周金文中的土地制度》，《李零自選集》，廣西師範大學出版社，1998 年，頁 95～99。

〔註 91〕李朝遠：《西周金文所見土地交換關係的再探討》，《上海博物館集刊》第 6 期「建館四十週年特輯」，上海古籍出版社，1992 年，頁 155、156。該文對金文中每一單土地轉讓事件的原因都有詳細分析，可參。

〔註 92〕劉傳賓：《西周青銅器銘文土地轉讓研究》，吉林大學 2007 年碩士學位論文，頁 55、56。

第一類：交易。主要見於下列金文：

1. 格伯簋：「格伯受良馬乘於倗生，厥賓（賈）卅田，則析。」

2. 三年衛盉：「矩伯庶人取瑾璋于裘衛，才（財）八十朋厥賓（賈），其舍田十田。矩或取赤虎兩、鹿麀㭒兩、㭒韐一，才（財）廿朋，〔註93〕其舍田三田。」

3. 五祀衛鼎：「正迺訊厲曰：『汝賓（賈）田不？』厲迺許曰：『餘審（審）賓（賈）田五田。』」

4. 九年衛鼎：「矩取眚（省）車較、㭒函、虎冟（幎）、㚇幃（韓），畫轉、鞭𠩺䊷，帛轡乘，金麃（鑣）鋞，舍矩姜帛三兩，迺舍裘衛林孤里。」

第二類：轉賜。主要見於下列金文：

5. 大簋蓋：「王呼吳師召大，賜𧾷睽里，王令膳夫豖曰𧾷睽曰：『余既賜大乃里。』睽賓豖璋、帛束。睽令豖曰天子：『余弗敢𢡚（吝）。』」

6. 吳虎鼎：「王令膳夫豐生、𤔲工雍毅，𤕌（申）剌（厲）王令：『取吳（虞）蓋舊疆付吳（虞）虎。』」

7. 𩵦比鼎、簋：「𩵦比以攸衛牧告于王，曰：『汝受我田，牧弗能許𩵦比。』」

8. 𩵦比盨：「〔王〕才（在）永師田宮，令小臣成友逆□□內史無𢝊、大史旟曰：『章厥䢅夫受𩵦比田，其邑旃、㘽、𧧏。复友（賄）𩵦比其田，其邑复𢿢、言二邑，畀𩵦比。复厥小宮受𩵦比田……凡復友（賄）復友（賄）𩵦比日〈田〉十又三邑。」

第三類：賠償。目前能夠確定的只有曶鼎一例。

9. 曶鼎：「昔饉歲，匡眾厥臣廿夫，寇曶禾十秭。以匡季告東宮……凡用即曶田七田、人五夫。」

10. 散氏盤：「用夨戮（翦）散邑，迺即散用田。」

上述銘文中「受」（例1、7、8）、「賓」（例1～3）、戮（例10）等關鍵字的釋讀曾有較大爭議。因此，我們準備對這幾個字的訓釋爭議作扼要的介紹，並據新材料作適當的補充說明。

〔註93〕李學勤《試論董家村青銅器群》（《新出青銅器研究》，文物出版社，1990年，頁100）讀「才」為財。

首先，談「爰」字。例 1、7、8 中「爰」字分別如下揭之形：

例 1〔註 94〕　　例 7　　例 8

上揭例 1 諸形為格伯簋同銘器組中同一個字的不同形體。該字錢坫釋為「受」。〔註 95〕劉心源釋為「叚」。〔註 96〕于省吾釋為「取」。〔註 97〕郭沫若釋為「爰」，訓為「付」。〔註 98〕楊樹達從郭說，又說釋為「受」，讀為「授」亦通。〔註 99〕裘錫圭在郭沫若釋「爰」的基礎上，進一步認為例 1、7、8 都是「爰」字，該字中間所從筆劃可能是「勺」字的省變之形；「爰」與「交」古音相近，可讀為「效」，訓為致、授。〔註 100〕黃天樹據甲骨文受、啟、伊尹等字所從手形或作「二指」之形，認為例 8「爰」字所從手形也是從「三指」簡化為「二指」。〔註 101〕按，金文「受」作「」形（九年衛鼎），「叚」作「」形（克鐘），「取」作「」形（毛公鼎），〔註 102〕所以上揭例 1、7、8 諸字不可能釋為「受」和「叚」。例 1 確實存在和「取」字近同的形體，但該字六個形體中有四個與確切的金文「取」字相差甚遠，且釋為「取」就無法通讀例 7；因此，還是釋為「爰」更可靠。

其次，談「賓」字。例 1～3 中「賓」字分別如下揭之形：

、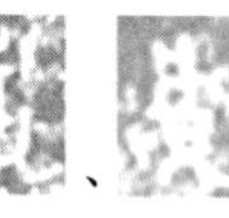、、、　　

例 1　　例 2　　例 3

〔註 94〕容庚：《金文編》（中華書局，1985 年，頁 191）摹本。

〔註 95〕〔清〕錢坫：《十六長樂堂古器款識考》，《金文文獻集成》第 2 冊，頁 428。

〔註 96〕〔清〕劉心源：《奇觚室吉金文述》，《金文文獻集成》第 13 冊，頁 423。

〔註 97〕于省吾：《雙劍誃吉金文選》，《金文文獻集成》第 25 冊，頁 49。容庚《金文編》（中華書局，1985 年，頁 191）亦將例 1 諸字歸入「取」字條。

〔註 98〕郭沫若：《兩周金文辭大系圖錄考釋》，《金文文獻集成》第 21 冊，頁 438。

〔註 99〕楊樹達：《積微居金文說》，《金文文獻集成》第 25 冊，頁 198。

〔註 100〕裘錫圭：《釋「爰」》，《容庚先生百年誕辰紀念文集》，廣東人民出版社，1998 年，頁 148～155。沙宗元《試說「爰」及相關的幾個字》（《古文字研究》第 25 輯，中華書局，2004 年，頁 301～304）對「爰」與寽、孚、蕈等字的關係又有進一步的探討，可參看。

〔註 101〕黃天樹：《䣄比盨銘文補釋》，《黃天樹古文字論集》，學苑出版社，2006 年，頁 466。

〔註 102〕容庚：《金文編》摹本，中華書局，1985 年，頁 274、191、192。

上揭諸形顯然是同一個字。例1阮元釋為「貯」，未作進一步的解釋。〔註103〕劉心源釋為「責」，讀為「債」，謂格伯負債共有三十田之多。〔註104〕郭沫若釋寫為「賓」，即「貯」字，讀為租。〔註105〕楊樹達釋寫作「賓」，認為可能讀作賈，即價值之價。〔註106〕

1975年裘衛諸器問世以後，「賓」字因同西周土地問題密切相關，其訓釋問題引起學界的高度關注。很多學者都曾著文論及該字，簡而言之，主要是釋賈和反對釋賈之爭，爭論至今未休。茲按學界圍繞該字爭論的大致的時間順序，〔註107〕擇要述之。

1976年，《文物》刊載第一批研究裘衛諸器的論文。唐蘭信從郭沫若考釋格伯簋時提出的觀點，主張釋「賓」為「貯」，讀為「租」，即租、賦；〔註108〕林甘泉則部份採用楊樹達的觀點，把衛盉的「賓」字讀為價格的價，把衛鼎的「賓」字讀為租。〔註109〕林說立即遭到唐蘭的反駁，唐蘭認為，「楊樹達先生讀貯為價（本作賈），韻母雖同，聲母距離很遠，不可通」；又認為釋「價」還意味著土地的等價交換，但西周沒有私有田產，無所謂農田的價格。〔註110〕

趙光賢又反駁唐蘭，認為先秦貯、褚、著、舉、居、沽、賈等字皆可通用，「賓」就是「賈」字。茲將其論證過程選錄如下：

> 字亦作賭、《廣雅》,《玉篇》並云：「賭，賣也。」賭、古書往往作「居」。《尚書．皋陶謨》：「懋（貿）遷有無化（貨）居。」《史記呂不韋傳》：「此奇貨可居。」《史記貨殖列傳》「廢著」，《仲尼弟子列傳》作「廢居」，凡此均證明，貯、賭、居三字古通用。

〔註103〕〔清〕阮元：《積古齋鐘鼎彝器款識》，《金文文獻集成》第10冊，頁166。

〔註104〕〔清〕劉心源：《奇觚室吉金文述》，《金文文獻集成》第13冊，頁423。

〔註105〕郭沫若：《兩周金文辭大系圖錄考釋》，《金文文獻集成》第21冊，頁438。

〔註106〕楊樹達：《積微居金文說》，《金文文獻集成》第25冊，頁198。

〔註107〕劉傳賓《西周青銅器銘文土地轉讓研究》（吉林大學2007年碩士學位論文，頁81～97）對「賓」字的釋讀情況有詳細整理，歸納出釋寗、責、貯（基於此，又有訓給予而引申作改封、訓租賦、訓積、讀為價、訓為商賈買賣、訓為成家的奴隸、通假為贖）、賈等釋訓意見，值得參看。

〔註108〕唐蘭：《陝西省岐山縣董家村新出西周重要銅器銘辭的譯文和注釋》，《文物》1976年5期。

〔註109〕林甘泉：《對西周土地關係的幾點新認識》，《文物》1976年5期。

〔註110〕唐蘭：《用青銅器銘文來研究西周史——綜論寶雞市近年發現的一批青銅器的重要歷史價值》，《文物》1976年6期，注5。

趙光賢還對「賈」字的相關問題作了進一步闡釋，其文如下：

> 「賈」字原義是買賣，因此作買賣的人也叫做「賈」，《頌鼎》有一段銘文這樣說：「令女官司成周賨二十家，監司新造賨用宮御。」楊樹達在這裏又讀賨為貯，假借為「紵」，雖勉強讀得通，總覺得不能文從字順。其實這兩個字都作商賈之賈解，就煥然冰釋了。〔註 111〕

周瑗釋「賨」為貯，讀為賈，並把金文「賨」字的用法分為四類：其一，名詞，價格、代價；其二，動詞，交換；其三，名詞，商賈；其四，名詞，國名，器物出土地與文獻所載吻合。〔註 112〕

這一階段釋「賈」說還是在承認「賨」為貯字的基礎上，將其通假為「賈」字，人們的認識還沒有取得根本的突破。

1981 年，李學勤提出把「賨」字直接釋為賈，並認為賈字在金文中有四種用法：其一，名詞，讀為「價」；其二，動詞，即交換；其三，名詞，即商賈；其四，名詞，是國名，山西聞喜出土匜銘有「賈子」，與荀國器同出，即文獻荀、賈之賈。〔註 113〕1985 年，李學勤又提出，1981 年陝西岐山縣流龍咀村出土的魯方彝蓋上的銘文「齊生魯肇賨休多贏」可同《左傳．昭公元年》「賈而欲贏」參看，重申「賨」應釋為「賈」。〔註 114〕李學勤還指出，卜辭和商周金文中從前被釋為「宁」的字，也應釋「襾」，其中不少應讀為「賈」，如多賈、亳賈等。〔註 115〕

李學勤釋「賈」之說得到很多學者的響應。1983 年，劉翔著文對「賨」字的演變情況進行了詳細的分析，認為古文「賨」的形體大致可分為六種類型，「賨」只能釋為賈，不能釋作「貯」。〔註 116〕1992 年，裘錫圭指出古璽

〔註 111〕趙光賢：《從裘衛諸器銘看西周的土地交易》，《北京師範大學學報》（社科版），1979 年 6 期。

〔註 112〕周瑗：《矩伯、裘衛兩家族的消長與周禮的崩壞——試論董家青銅器群》，《文物》1976 年 6 期，注 7。

〔註 113〕李學勤：《重新估價中國古代文明》，《新出青銅器研究》，文物出版社，1990 年，頁 8、9。按，李學勤所說的賈子匜即《集成》16.10252 器，1974 年出土於山西聞喜縣上郭村。

〔註 114〕李學勤：《魯方彝與西周商賈》，《史學月刊》1985 年 1 期。

〔註 115〕李學勤《兮甲盤和駒父盨——論西周末期周朝與淮夷的關係》，《新出青銅器研究》，文物出版社，1990 年，頁 144、145。

〔註 116〕劉翔：《賈字考源》，《甲骨文獻集成》第 13 冊，頁 499～500。

文的[illegible]字和中山王器銘中的[illegible]、[illegible]等字也都是「賈」字，並說：「在目前所見的古文字資料裏，這個字（引者按，即「貴」字）絕大多數應該讀為『賈』，則是沒有問題的。」〔註117〕1993年，邵鴻利用雲夢秦簡、馬王堆帛書、居延漢簡中「賈」字的字形資料，對李學勤釋「貴」為賈的觀點進行了補充論證。邵鴻認為，金文「貴」字上部的「甶」形橫置就成「[illegible]」形，若其中橫貫通，兩端下垂就成了「襾」形，與秦簡「[illegible]」字上部相同；所以卜辭和金文常見的「貴」字就是賈的本字。〔註118〕2003年，彭裕商著文指出，「貴」當釋為賈；兮甲盤銘「其進人、其賈」與「毋敢不即𫏃（次）即市」相關聯，「進人」對應「即次」，「賈」對應「即市」。〔註119〕2005年，何景成整理了有關「[illegible]」、「貴」的族氏銘文，依李學勤說將「[illegible]」隸定作襾，「貴」隸定作賈，並認為商周族氏銘文中的「賈」是一種職官。〔註120〕2007年，李憣著文指出，賈孳乳於「甶」，「襾」和「甶」可能都是「亞」字之省。〔註121〕

同時，反對釋「貴」為「賈」的觀點也一直存在。1990年，馬承源著文指出，舊釋「貴」字所從的「甶」為「宁」，或認為「宁」是箱櫝、干櫓或宮室門屏之間，皆非；從字形看，「宁」應當是「塊狀的兩端有齒狀叉出的工具類物」，與出土文物中的青銅纏線器相似（見下圖2），「宁」與「纏」音近；金文「貯田」就是「除田畝之數，是官方的地約專用語」，其本義是表示西周換田的一種制度和手續，與私自買賣土地不同；山西聞喜縣出的貯子匜（引者按，即李學勤所說的「賈子匜」），銘文「貯子」即文獻的「賈子」，不過文獻的「賈」是通假字，「貯」才是正字。〔註122〕

〔註117〕裘錫圭：《釋「賈」》，中國古文字研究會第九屆學術討論會論文（未刊），1992年，南京。轉見於劉傳賓《西周青銅器銘文土地轉讓研究》（吉林大學2007年碩士學位論文，頁93）、彭裕商《西周金文中的「賈」》（《考古》2003年2期）。

〔註118〕邵鴻：《卜辭、金文中「貯」字為「賈」之本字說補證》，《南方文物》1993年1期。秦簡「賈」字參張守中《睡虎地秦簡文字編》（文物出版社，1994年，頁97）。

〔註119〕彭裕商：《西周金文中的「賈」》，《考古》2003年2期。

〔註120〕何景成：《商周青銅器族氏銘文研究》，吉林大學2005年博士論文，頁39。

〔註121〕李憣：《貴為賈證》，《考古》2007年11期。

〔註122〕馬承源：《西周金文中有關貯字辭語的若干解釋》，原載《上海博物館集刊》第5期，上海古籍出版社，1990年；又收入馬承源《中國青銅器研究》（論文集）上海古籍出版社，2002年，頁207～220。

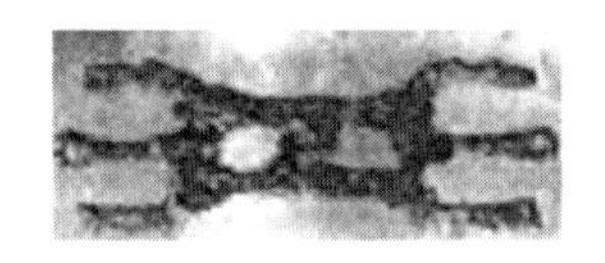

（1）東晉王興之墓出土青銅纏線器

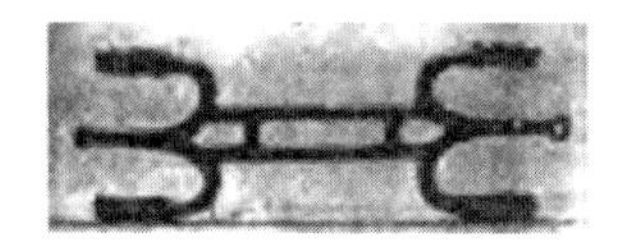

（2）上海博物館藏青銅纏線器

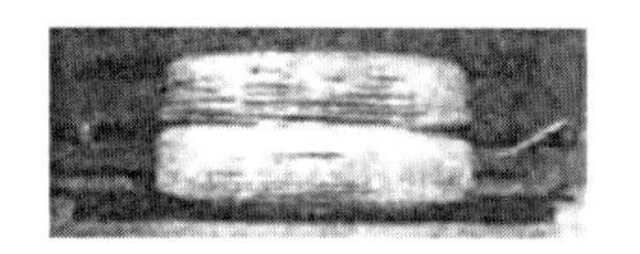

（3）纏線器纏滿線之後的形狀

圖 2：馬承源搜集的青銅纏線器圖片〔註 123〕

1992 年，高明在詳細排比甲骨文、金文和戰國陶文中有關「賁」和「賈」的資料，並逐一分析諸家的訓釋意見後指出，「無論是釋賁為賈，或假貯為賈皆不能成立」，阮元釋「賁」為貯是正確的；但西周金文「貯」字是既表積藏，又表經商的多義詞。〔註 124〕1998 年，陳秉新利用漢永平漆盤有關「紵」字的資料，再次認為金文「賁」為貯而非賈。〔註 125〕2003 年，鄭剛將「賁」字所從的「中」形與金文「甫」、「用」等字進行比較，主張將「賁」隸定為「賻」或「[illegible]」，讀為「賦」；魯方彝「賁」與「休」連用，而「休」不可能表示交易，所以「賁」不能釋為表示交易的「賈」；「『賦休多贏』就是『賈而有贏』，賦是進貢，休是賞賜，二者抵消後齊生魯還有得賺，所以他要歸功於他的祖先並表示感謝」。〔註 126〕近出射壺銘文有「皇君尹叔命射𤔲賁，乃事東（董）徵其工，乃事述」，2010 年朱鳳瀚考釋這段銘文時認為，「賁」字未必可釋作「賈」，還是釋「貯」比較妥帖，射壺銘文「命射𤔲賁」義為「命之掌管與『貯』有關的事業，即主管其宗族之商業」。〔註 127〕

今按，金文「賁」字除前揭例 1～3 諸形，還有[illegible]、[illegible]、[illegible]等形，〔註 128〕其中「[illegible]」形分明是以物盛放貨貝之形。前舉馬承源文將「賁」字所從的「中」

〔註 123〕馬承源：《西周金文中有關貯字辭語的若干解釋》，頁 211。

〔註 124〕高明：《西周金文「賁」字資料整理和研究》，原載北京大學考古系《考古學研究》第 1 輯，1992 年，載入《高明論著選集》，科學出版社，2001 年，頁 127～136。

〔註 125〕陳秉新：《金文考釋四則》，《容庚先生百年誕辰紀念文集》，廣東人民出版社，1998 年，頁 462、463。

〔註 126〕鄭剛：《周代的賦》，《第四屆國際中國古文字學研討會論文》，2003 年 10 月 15～17 日，頁 157、159。

〔註 127〕朱鳳瀚：《射壺銘文考釋》，《古文字研究》第 28 輯，中華書局，2010 年，頁 225。

〔註 128〕容庚：《金文編》，中華書局，1985 年，頁 432。據黃天樹《花園莊東地甲骨中所見的若干新資料》（《陝西師範大學學報（哲社版）》2005 年 3 月）介紹，花東甲骨 314 片有「賁金」，賁為動詞，義為交換。

比附為青銅纏線器，至少有兩點不妥：其一，馬承源所舉青銅纏線器的時代較晚，目前似無確證證明商周時期就有「𠂤」形纏線器；其二，纏線器無法盛放貨貝，與「𡩜」形矛盾。前舉鄭剛將「𡩜」隸定為「賻」或「賏」，但西周金文「𡩜」字上部絕大多數都只有兩橫，與「甫」作三橫者絕不相類，鄭說非是。唐蘭、高明等人釋「𡩜」為貯，反對讀「貯」為「賈」，最主要的理由是貯、賈二字古音有距離。趙光賢雖然找了一系列的例證證明貯、賈可以通假，但是沒有從音理方面加以說明，所以很多學者對趙說表示懷疑。

趙光賢主張貯、賈二字可以通假應當可信。〔註129〕上古音賈為見母魚部字，貯為端母魚部字，賈、貯疊韻，聲母見、端為喉、舌鄰紐，賈、貯聲近可通。除前引趙光賢文所列貯、賈通假之例，這裏再舉一例作為端、見二紐疏通的旁證。上古音固為見母魚部字，妒為端母魚部字，《楚辭・九章》：「夫惟黨人鄙固兮。」《史記・屈原列傳》：「夫黨人之鄙妒兮。」可見，賈與貯通，猶固與妒通，這並不是孤立的語言現象。

「𡩜」字所從的「𠂤」可能就是「褚」字的表義初文，「褚」可用於盛物。《左傳・成公三年》：「鄭賈人有將寘諸褚中以出。」楊伯峻《注》：「褚，音煮，裝衣物所用之囊。鄭國商人擬盛知罃於褚中逃出楚國，正與《公羊》哀六年《傳》陳乞用巨囊載公子陽事相類似。」又，先秦賈、居二字聲同字通，二字多與儲蓄有關。《管子・輕重丁》：「富商蓄賈不得如故。」《國語・晉語八》：「假貸居賄。」韋昭《注》：「居，蓄也。」因此，𡩜為以褚貯貝，也就是居（賈）貝，正所謂奇貨可居。依《說文》的分析方法，𡩜字似可解釋為：𡩜，褚貝也，從貝，𠂤（褚）聲。《說文・貝部》：「賈，市也，從貝襾聲。一曰坐賣售也。」前引劉翔、邵鴻文章認為「𠂤」後來演化為「襾」，應當是正確的。綜上所述，商周時期的「𡩜」字就是後來的「賈」字，其本義為以褚蓄貝，引而申之，就有儲蓄、居貨待售、買賣、價格、賈人等含義。因此，金文「賈田」就是土地買賣，這是非常肯定的事情。

再次，談「戭」字。散氏盤的「戭」字作「[illegible]」形，阮元釋為「蔽」。〔註130〕吳大澂釋為「撲」，「因夨人撲伐散邑，廼就散邑正其疆界也」。〔註131〕

〔註129〕趙光賢：《從裘衛諸器銘看西周的土地交易》，《北京師範大學學報》（社科版），1979年6期。

〔註130〕〔清〕阮元：《積古齋鐘鼎彝器款識》，《金文文獻集成》第10冊，頁173。

〔註131〕〔清〕吳大澂：《愙齋集古錄》，《金文文獻集成》第12冊，頁340。

孫詒讓引嚴可均觀點，釋為「[illegible]」。〔註132〕柯昌濟認為是矢人[illegible]伐散國之邑。〔註133〕郭沫若釋為「[illegible]」，讀為「業」，認為是「因矢人營業於散邑，故用田以報散氏」，是和平交易，不是戰爭賠償。〔註134〕陳夢家認為[illegible]當釋為接壤之接，銘文是說矢地接連於散邑，故租用其田而田之；田本屬於散氏而矢人借用之。〔註135〕

今按，盤銘「[illegible]」字右旁與中山王譽壺銘（《集成》15.9735）「內絕召公之業」之「業」字作「[illegible]」形相有差別，釋「[illegible]」為「[illegible]」不確。「[illegible]」字《金文編》入於「撲」字條。〔註136〕劉釗據郭店簡相關字形將此字改釋為「翦」。〔註137〕今從劉說。

最後，談談例3五祀衛鼎的交易起因。鼎銘中有「曰厲曰：『余執龔（恭）王卹工，于卲（昭）大室東逆（朔）熒二川」，〔註138〕此句唐蘭翻譯為「厲說：「我辦理共王勤政的事，在昭王的太室東北，臨時禜（音詠）祭涇渭兩條大川的神。』」唐蘭將鼎銘「卹工」讀為「恤功」，《書・呂刑》：「乃命三後，恤功於民。」「恤功」是憂勤政事的意思。「熒」通「禜」，音詠，祭山川。〔註139〕李零則認為「卹工」當讀為「洫功」，「熒二川」即「營二川」，事與禜祭無關。〔註140〕按，我們傾向於李零說。「執某功」見於《詩》，《豳風・七月》：「嗟我農夫，我稼既同，上入執宮功。」即其例。又《左傳・襄公十年》：「子駟為田洫，司氏、堵氏、侯氏、子師氏皆喪田焉。」楊伯峻《注》：「田洫，田間溝洫，並田塍。田洫之制，詳於《周禮・考工記・匠人》，但未必通行於各國與各時。子駟為田洫，或以興修水利為名，或以整頓田界為名，俱未詳。」可參。李學

〔註132〕〔清〕孫詒讓：《古籀餘論》，《金文文獻集成》第13冊，頁118。

〔註133〕柯昌濟：《韡華閣集古錄跋尾》，《金文文獻集成》第25冊，頁158。

〔註134〕郭沫若：《兩周金文辭大系圖錄考釋》，《金文文獻集成》第21冊，頁463。

〔註135〕《斷代》，頁345。

〔註136〕容庚：《金文編》，中華書局，1985年，頁782。

〔註137〕劉釗：《利用郭店楚簡字形考釋金文一例》，《古文字考釋叢稿》，嶽麓書社，2005年，頁142。

〔註138〕「曰厲曰」從李學勤《試論董家村青銅器群》（《文物》1976年6期）斷讀。

〔註139〕唐蘭：《陝西省岐山縣董家村新出西周重要銅器銘辭的譯文和注釋》，《文物》1976年5期。唐蘭在「厲曰」前斷讀，這樣「厲」就成了執功的主語，與我們的看法不同。

〔註140〕李零：《西周金文中的土地制度》，《李零自選集》，廣西師範大學出版社，1998年，頁97。

勤在論述五祀衛鼎土地交易的原因時說：

> 交易在井伯等執政大臣面前進行。「衛以邦君厲」的「**以**」字，意思和「**與**」相同。「曰厲曰」就是「告訴厲說」，其下一段和「曰：『余舍汝田五田』」，都是裘衛對矩伯說的，是提出交換土地的理由。
>
> 裘衛是管理皮裘的官，生產皮革制品離不開水，所以他看中了厲所佔有位於昭太室東北的田地，想在那有著圍繞兩條流水的地方居住，好經營他的毛皮生產。雖然厲的地只有四田，他卻提出以多易少，用五田去交換。厲當場表示同意，立了誓，井伯等派三有司，由矩內史友（內史的僚屬）寺芻率領，踏勘轉讓給裘衛的土地。〔註 141〕

上述論斷大致是可信的。由此可知，五祀衛鼎銘中土田交易的當事人裘衛、邦君厲在執政大臣面前申述了交易的理由和意願，這是一單通過平等協商達成的土地交易。

二、金文土田轉讓的數額、對價及相關評論

有不少學者已論及金文中轉讓土田的數額和對價問題，這裏我們先羅列前舉十例金文中的土田轉讓數額和對價（見下表），再匯總、分析各家意見。

附表二：金文轉讓土田的數額和對價一覽表

序號	器名	時代	類型	轉讓數額	對價
1	格伯簋	恭王	交易	三十田。	良馬乘（四匹）。
2	三年衛盉	恭、懿	交易	十田。	堇（覲）璋，財八十朋。
				三田。	赤虎（琥）兩、麀桒兩、桒韐一，財二十朋。
3	五祀衛鼎	恭、懿	交易	賈五田，實際履付四田。	未詳。

〔註 141〕李學勤：《試論董家村青銅器群》，《文物》1976 年 6 期。李學勤將「卹工」訓為謹慎服事，「營」訓為匝居，與我們的看法不同。

4	九年衛鼎	恭、懿	交易	林𦣞（孤）里、顏林，〔註142〕數額未詳。	眚（省）車、較、𠦑、虎冟（幎）、希韋（幃）、畫轉、鞭、𠂤𩊚，帛轡乘，金鑣鋞，帛三兩、大馬兩、𧇤（縢）吝（絞）、𩣡裘、盠冟（幎）。〔註143〕
5	曶鼎	懿	賠償	即曶田七田、人五夫。曶覓匡卅秭。	寇禾十秭。
6	大簋蓋	厲王	轉賜	趞睽里，數額未詳。	賓睽（睽）訊章（璋）、帛束。對價未詳。
7	𩰫比盨	厲王	轉賜	田十三邑。	未詳。
8	𩰫比鼎、簋	厲王	轉賜	攸地，數額未詳。	未詳。
9	散氏盤	厲王	賠償	未詳。	未詳。
10	吳虎鼎	宣王	轉賜	未詳。	未詳。

從上表可以看出，只有格伯簋、三年衛盉、曶鼎等器的數據相對清楚。現在以此三器為線索，羅列相關學者對西周田價的看法。

關於格伯簋，唐蘭認為是格伯從倗生那裡取了四匹好馬而租給倗生田三千畝。〔註144〕李零認為，西周田價並不單純以田數計算，須考慮田的品質高下。西周金文中用於土田交換的東西是馬匹、玉器、禮服、車乘、馬具、絲帛等都是禮儀活動的必需品；它們雖然不像金以「鋝」（或「鈞」）計、貝以「朋」計，穩定性稍差，但也有「硬通貨」的作用，如倗生簋（引者按，即格伯簋）提到「良馬」四匹價值「三十田」（1匹馬＝7.5田）。〔註145〕

〔註142〕李學勤：《試論董家村青銅器群》，將鼎銘「舍裘衛林𦣞里」的「林𦣞里」解釋為森林及其所產的狐狸一類毛皮動物付給裘衛。可備一說。

〔註143〕唐蘭《陝西省岐山縣董家村新出西周重要銅器銘辭的譯文和注釋》（《文物》1976年5期）翻譯為：「矩向裘衛取了一輛好車，附帶車旁的鉤子，車前橫木中有裝飾的把手，虎皮的罩子，長毛狸皮的車幔，彩畫的裹在車軛上的套子，鞭子，大皮索，四套白色的韁繩，銅的馬嚼口等。又給了矩姜（當是矩的妻）六卷帛，矩給裘衛林𦣞里。這林木是顏的，我又給了顏陳兩匹大馬，給了顏姒（當是顏的妻）一件青黑色衣服，給了顏家管事壽商一件貉皮袍子和罩巾。」可參。

〔註144〕唐蘭：《用青銅器銘文來研究西周史——綜論寶雞市近年發現的一批青銅器的重要歷史價值》，《文物》1976年6期。

〔註145〕李零：《西周金文中的土地制度》，《李零自選集》，廣西師範大學出版社，1998年，頁108。

關於裘衛諸器，唐蘭將衛盉銘「才八十朋」的「才」讀為「裁」，訓為作價，認為這不是正式的買賣價格，並說：「西周時還沒有私有的田產，怎麼能有農田的價格呢？」〔註 146〕李學勤指出，遽伯睘簋（《集成》3763）：「遽伯睘作寶尊彝，用貝十朋又四朋。」相比而言，衛盉一份覲璋值八十朋，相當昂貴。衛盉第一次交易十田值八十朋貝，即每田值八朋；第二次交易三田值二十朋貝，每田值七朋弱；可能是由於土地肥磽的不同導致了土地單價的差距。〔註 147〕

關於曶鼎，陳夢家對匡季屬下偷走的十秭禾有過詳細推算。陳夢家說：「郭沫若據《聘禮》記『四百秉為一秅』，《說文》『二秭為秅』，推定秭為二百秉。案，《聘禮》『禾三十車，車三秅』，則一車載一千二百秉。十秭為兩千秉，載二車而不足。卅秭則適載五車。秉即把，非容量之秉。」曶鼎銘末「曶覓匡卅秭」的「覓」，陳夢家認為可能通假為「賣」，指獄訟結束後，曶又賣給匡三十秭禾，以幫助匡渡過難關。〔註 148〕李學勤據商尊銘（引者按，即庚姬尊《集成》11.5997）「帝后賞庚姬貝卅朋，代茲廿鋝」指出，西周一鋝銅價值相當於貝幣一朋半，百鋝則相當於貝幣一百五十朋；以衛盉每田約貝幣七至八朋計，匡季移交曶的七田，當值五十朋左右；曶鼎銘末的「覔」（引者按，即陳夢家所說的「覓」）可能是「抑」字別體，「曶抑匡卅秭」之「抑」訓貶，引申為減免。〔註 149〕

按，無論西周一塊田價值多少貝幣，當時用於交換土田的物品都是價值不菲的動產，這是可以肯定的。其中，九年衛鼎用於交換「林孤里」的物品最多，車、馬、皮、帛一應俱全，「林孤里」的利用價值必然很大。

對於金文這種以物換地的作法，學者們從不同的角度加以評論，很有啟發性。茲選錄數家觀點，以備討論。

李學勤認為，至西周懿王時期，王朝的土地不再增多，反而因北方少數民族的進攻而不斷削減。像矩伯這樣的貴族，為了維持自己作威作福的富貴

〔註 146〕唐蘭：《用青銅器銘文來研究西周史——綜論寶雞市近年發現的一批青銅器的重要歷史價值》，《文物》1976 年 6 期。。

〔註 147〕李學勤：《試論董家村青銅器群》，《文物》1976 年 6 期。

〔註 148〕《斷代》，頁 202。上古音覓為明母錫部字，賣為明母支部字，覓、賣音近，若釋「覓」成立，單就音理而言，陳夢家說覓假為賣，可備一說。

〔註 149〕李學勤：《論曶鼎及其反映的西周制度》，《中國史研究》1985 年 4 期。李學勤所謂的「代茲廿鋝」，學界還有爭議，參陳英傑：《讀金瑣記（三）》，復旦大學古文字與出土文獻研究中心網站，2008 年 9 月 6 日。

門面，只好用封地和物產，去交換裝潢禮儀的手工業製品。矩伯還要從其他地方取得諸如青銅器、玉器、漆木器、絲織品等等自己封地不能生產的產品，有些東西的代價可能更昂貴，必須用更多的土地物產去交換。長此以往，這家貴族必然是日益朘削。可見，王朝貴族正在走向衰落；而小官裘衛因為善於經營，成為他那個家族中突出發迹的人。〔註 150〕

李朝遠認為，西周的貨幣關係還處於原始的萌發時期，當時貨幣僅具有價值尺度和貯藏手段這兩個職能，金文和西周文獻中不見用貝幣購買「商品」的記載。金文中以田換物的形式說明當時的商品貨幣關係還很薄弱，周人的土地財富觀念還比較淡薄。土地交換是西周初期建立的等級土地所有制自我調解，自我完善的重要機制，是「等級土地所有制的潤滑劑」。〔註 151〕

袁林認為，金文土地轉讓只是轉讓「對於確定的被剝削者以確定的方式榨取剩餘勞動的權力」，與後世土地買賣有別，還談不上土地市場和土地的市場價格。交換僅發生於貴族之間，是剝削收益權的某種轉移，而剝削者與被剝削者之間的社會關係未變，剩餘產品在剝削者內部分配的基本方式也未變。因此，金文土地轉讓是西周社會經濟關係中的固有內容，並非破壞西周土地制度、標誌土地私有化歷史進程已經發生的新現象。〔註 152〕

陳絜、祖雙喜指出，西周亢鼎銘文中，公大保用五十朋貝向他人購買大琅，整個活動相當於今天的現金交易。相比而言，矩伯從裘衛那裡取得的物品，儘管都有具體的價格，但矩伯並沒有支付貨貝，而是交割土地以實現交易，土地成了貨貝的替代品，「個中原因，我們可以做種種猜測：或許矩伯沒有足夠的貨貝；或許是貨幣堅挺了，土地又過剩，於是矩伯不想用現金支付，拿點土地來對付一氣。」〔註 153〕

曹瑋指出，據冊命金文可知，車和車飾在西周社會是地位和權力的象徵，矩從裘衛處得到帶有權力象徵的物品，應該事出有因；「同時也應注意到新老

〔註 150〕同註 149。

〔註 151〕李朝遠：《西周土地關係論》，上海人民出版社 1997 年，頁 274、303、304。

〔註 152〕袁林：《兩周土地制度新論》，東北師範大學出版社，2000 年，頁 93、94。

〔註 153〕陳絜、祖雙喜：《亢鼎銘文與西周土地所有制》，《中國歷史文物》2005 年 1 期。此文將「賓」釋為貯，讀為賾。按，張傳璽（《論中國古代土地私有制形成的三個階段》，《北京大學學報》1978 年 2 期）、劉宗漢（《金文貯字研究中的三個問題》，《古文字研究》第 15 輯，中華書局，1986 年，頁 218）早有此說。

貴族之間用象徵權力的物品與土地的交換，自此時起常有發生」。〔註 154〕

圖 3：記錄西周貴族之間貿易情況的任鼎（左）、亢鼎（右）〔註 155〕

今按，前引五位學者的觀點，現在看來有修正、整合的必要。李學勤說矩伯以土地換取車馬器物是為了維持富貴門面，這一點無法從裘衛諸器本身找到證明，只能是一種推測。亢鼎銘（見上圖 3）記公大保用五十朋貝購買大珽，確證西周貨貝已具有支付功能，則李朝遠關於西周貨幣只有價值尺度和貯藏職能的論斷需要修正；相應地，周人土地財富觀念是淡薄還是濃厚，恐怕也不好一概而論。袁林所謂的金文土地轉讓是轉讓「對於確定的被剝削者以確定的方式榨取剩餘勞動的權力」的論斷看上去很雄辯，但是若用九年衛鼎交換「顏林」的記錄參驗之，袁說恐怕很成問題。陳絜、祖雙喜將亢鼎中的「現金交易」和金文土地轉讓聯繫起來，很有啟發性；但是他們對於矩伯不用貨貝購買裘衛的車與車飾的「猜測」，確實只能算作是「猜測」，而且這種「猜測」似乎過於低估了裘衛的判斷能力。曹瑋說用於交換土地的車和車飾是權力的象徵，這一點值得注意。《論語・先進》載顏淵死後，顏路請求孔子賣車為顏淵作槨。〔註 156〕孔子回絕說：「以吾從大夫之後，不可徒行也。」「車」確實是身份等級的象徵。將陳絜、曹瑋等人的說法聯繫起來，矩伯為什麼不用貨貝交換裘衛的車和車飾以及其他物品還真是一個值得探討的問題。

〔註 154〕曹瑋：《九年衛鼎銘文匯釋》，《周原遺址與西周銅器研究》，科學出版社，2004 年，頁 73、74。

〔註 155〕董珊：《任鼎新探——兼說亢鼎》，《黃盛璋先生八秩華誕紀念文集》，中國教育文化出版社，2005 年，頁 171、172。

〔註 156〕楊伯峻：《論語譯注》，中華書局，1980 年，頁 111。

董珊指出，早期中國社會盛行嚴格的等級制度，貴族名位不同，則禮數不同，不同階層有不同級別的祭禮。任鼎、亢鼎銘文中，任和𠦪亞分別出賣珠玉寶貨給周王、公太保，其主要目的在於獲取大牢、鬱、鬯等一次性的高級祭祀權和祭品；而周王或公太保則是以索取珠玉寶貨的變通方式「以禮假人」，其目的在於利用這類寶貨去集中並壟斷王朝的財政，從而控制整個社會經濟。〔註 157〕

如果上述董珊的看法成立，則裘衛把象徵地位和等級的「車」轉讓給矩伯，其中還有「以禮假人」的意味。因此，矩伯出讓土地獲得「車」，也可以說是其社會地位提高的表現；〔註 158〕若用「雙贏」來形容裘衛和矩伯之間的交易，恐怕也未嘗不可。

三、土田轉讓的程序和禮俗——兼議所謂「饗賸」問題

金文中轉讓土田存在某些固定的程序和常見的禮俗活動。據筆者統計，李學勤、李朝遠、李零、張經、劉傳賓、白於藍師等都討論過這個問題。現將他們的觀點移錄如下：

（一）李學勤

從金文來看，土地的轉讓應經過一定有法律效力的程序。包括：報告執政大臣、析券和立誓、雙方人員到場履（度量）付田地等內容。〔註 159〕

（二）白於藍

周王的田地賞賜所要履行的法律程序：

1. 周王命人向被賞人宣佈賞賜；
2. 周王直接給朝中執政大臣下達命令；
3. 周王命人向地方官員轉達命令；
4. 周王親自勘履所賜田地的田。〔註 160〕

〔註 157〕董珊：《任鼎新探——兼說亢鼎》，《黃盛璋先生八秩華誕紀念文集》，中國教育文化出版社，2005 年，頁 169、170。

〔註 158〕二十七年衛簋（《集成》8.4256）記周王賞賜裘衛朱衡、鑾等物，但目前金文未見周王賞賜矩伯的記錄，矩伯的地位有可能低於裘衛。

〔註 159〕李學勤：《西周金文中的土地轉讓》，《李學勤學術文化隨筆》，中國青年出版社，1999 年，頁 267～270。

〔註 160〕白於藍：《師永盂新釋》，《考古與文物》2010 年 5 期。

（三）李朝遠

1. 雙方協議；

2. 踏勘地界，起封作幟；

3. 記錄在案，並書於契卷，分而執之，以為信記；

4. 受田者宴請禮送各方人士。《衛盉》：「衛小子[illegible]逆諸其卿」；《五祀衛鼎》：「衛小子逆其卿，[illegible]」；《九年衛鼎》：「衛小子家逆諸，其[illegible]」。卿即饗，意為用酒食款待客人。[illegible]，從勹朕聲，讀如賸，義為送。〔註161〕饗、賸不是土地交換過程中必須通過的環節，但它是構成中國禮俗文化的源頭和種類之一。〔註162〕

（四）李零

付田儀式包括：

1. 履田；

2. 覆核；

3. 付田；

4. 饗賸。即由獲田一方的族人設宴和送禮，款待對方和其他參加者。有時兩項都有（五祀衛鼎），有時只有一項（衛盉、九祀衛鼎）。這是作為儀式結束例行的儐禮。〔註163〕

（五）張經

1. 協商；

2. 告知；

3. 勘界；

4. 立約；

5. 宴饗。〔註164〕

（六）劉傳賓

1. 王朝及專屬人員的參與；

〔註161〕馬承源：《商周青銅器銘文選》第3冊，文物出版社，1988年，頁132。下文簡稱《銘文選》。

〔註162〕李朝遠：《西周土地關係論》，上海人民出版社，1997年，頁291～297。

〔註163〕李零：《西周金文中的土地制度》，《李零自選集》，廣西師範大學出版社，1998年，頁103～105。

〔註164〕張經：《西周土地關係研究》，中國大百科全書出版社，2006年，頁196～200。

2. 履田；
3. 成圖；
4. 盟誓；
5. 定立契約；
6. 付田；
7. 饗賸。〔註 165〕

對比上述觀點可知，各家均承認西周土田轉讓已有某些固定的程序，但對於存在哪些具體的程序，還存在分歧。其中，第（三）至（六）等四位學者所謂的宴饗或饗賸，李學勤和白於藍均未論列，這個差異值得分析。

綜觀十例土田轉讓金文，出現所謂「饗賸」字樣的只有裘衛三器，也就是上表中李朝遠引用的三段裘衛器銘。為方便討論，茲將李朝遠引用的器銘和我們所作的釋文對比如下：

附表三：裘衛器銘所謂「饗賸」銘文校對表

器名	李朝遠引用裘衛器銘	本文釋文〔註 166〕
衛盉	衛小子[illegible]逆者（諸）其卿（饗）	衛小子[illegible]逆者（圖）其鄉（向）
五祀衛鼎	衛小子逆其卿（饗），[illegible]（賸）	衛小子者（圖）其鄉（向）、[illegible]（塍）
九年衛鼎	衛小子家逆者（諸），其[illegible]（賸）	衛小子[illegible]逆者（圖）其[illegible]（塍）

從上表可以看出，除開部份通假字方面的差別，兩種釋文最大的分歧在於五祀衛鼎銘「其」前一字的隸定。「逆」和「者」是根本不同的兩個字，「逆」、「者」必有一非。核查五祀衛鼎拓片，該字殘損比較嚴重，字作「[illegible]」形，〔註 167〕與裘衛器銘中者字作「[illegible]」接近，而與「逆」字作「[illegible]」形有較大區別，〔註 168〕唐蘭釋為「者」。〔註 169〕可從。

弄清五祀衛鼎的「者」字，接下來須討論三器銘「者其鄉」、「者其鄉[illegible]」、

〔註 165〕劉傳賓：《西周青銅器銘文土地轉讓研究》，吉林大學 2007 年碩士學位論文，頁 59～79。

〔註 166〕白於藍：《師永盂新釋》，《考古與文物》2010 年 5 期。

〔註 167〕龐懷清、鎮烽等：《陝西省岐山縣董家村西周銅器窖穴發掘簡報》，《文物》1976 年 5 期，圖一五。

〔註 168〕容庚：《金文編》，中華書局，1985 年，頁 96、248。

〔註 169〕唐蘭：《陝西省岐山縣董家村新出西周重要銅器銘辭的譯文和注釋》，《文物》1976 年 5 期。

「者其𠭯」的訓釋問題。五祀衛鼎的「衛小子者其鄉𠭯」，唐蘭斷讀為「衛小子者，其饗媵」，翻譯為：「衛小子者，舉行宴會並送禮。」〔註 170〕前引李朝遠釋文引《銘文選》將「𠭯」讀為「賸」，訓送，與唐蘭說其實是一樣的。以唐蘭和《銘文選》在古文字學界的影響力，「饗賸」為金文土田轉讓的程序或禮俗活動之一幾乎成為定論。但是，在今天看來，「饗賸」說恐怕很成問題。

衛盉銘「者其鄉」，李學勤就讀為「者（書）其鄉（向）」，認為是記錄土地的方向四至。〔註 171〕白於藍在李說基礎上進一步指出，裘衛器銘的「者其鄉」、「者其鄉𠭯」、「者其𠭯」當分別斷讀為「者（圖）其鄉（向）」、「者（圖）其鄉（向）、𠭯（塍）」、「者（圖）其𠭯（塍）」。其中，塍表示田界之埒。按，西周已有記錄土地四至方位的地圖，〔註 172〕又從吳虎鼎書尹友守史、格伯簋書史參加土地轉讓的情形來看，李學勤和白於藍說「者其鄉」為記錄土地方向四至顯然更切合西周社會實際。

由此可見，裘衛器銘中的「鄉𠭯」不宜讀作「饗賸」。至於土田轉讓事件中確實存在的送禮行為，金文多用「賓」字來表示，即賓贈禮物。在傳世典籍中，賓也有宴饗之義，《國語．楚語下》：「公貨足以賓獻。」韋昭《注》：「賓，饗贈也。獻，貢也。」總之，如果一定要說金文土田轉讓事件中存在所謂的「宴饗」禮俗，則當以「賓」字立說，而不宜再用「鄉（饗）𠭯（賸）」作解。

今結合土田轉讓類金文和上述各家觀點，將我們所理解的西周土田轉讓程序、禮俗活動論列如下：

第一，上級貴族（包括周王）命人向被賞人宣佈賞賜。此程序在土田賞賜事件中成立。而從賞賜土田的來源來分析，上級貴族把某個屬民的土地分割、轉賜給另一個屬民，又可以歸入土田轉讓的範疇；所以，宣佈賞賜也可視作土田轉讓的程序之一。

第二，向執政官下達命令。此程序適用於轉賜。在周王賞賜大臣的事件中，是周王直接給朝中執政大臣下達命令；其餘賞賜事件當可依此類推。

〔註 170〕唐蘭：《陝西省岐山縣董家村新出西周重要銅器銘辭的譯文和注釋》。

〔註 171〕李學勤：《試論董家村青銅器群》，《文物》1976 年 6 期。

〔註 172〕詳本文第四章第二節。

第三，向負責具體事務的辦事官轉達命令。此程序適用於轉賜。

第四，謀議轉讓事宜。此程序適用於土田買賣。五祀衛鼎：「井伯、伯邑父、定伯、𤇖伯、伯俗父廼顜（講），事（使）厲誓。」九年衛鼎：「顜（講），履付裘衛林孤里。」其中的「顜」字，唐蘭讀為「構」，訓為「促成」，翻譯為「辦成」；〔註 173〕龐懷清讀為「講」，有明、和、直等義，在銘文中訓作「說定了」；〔註 174〕吳振武讀為「斠」，釋為「核斠」，認為九年衛鼎中「斠」、「履」、「付」是土地轉讓中的三個環節；〔註 175〕劉傳賓申吳說，認為「斠」主要是檢查土地的大小、位置等等，與「履」有相似之處。〔註 176〕按，顜、構、講、斠均從冓聲，四字聲同字通，前引各家說法都有一定道理；但是從五祀衛鼎銘文中，定伯、伯俗父等「廼顜」後是「使厲誓」的語境看，前引各家的說法似未圓通，譬如定伯、伯俗父不太可能先去「檢查土地的大小」，再回頭讓厲發誓。筆者認為，龐懷清讀「顜」為「講」，可從；但「顜（講）」在銘文中當訓作「謀」，《左傳・襄公五年》：「講事不令。」杜預《注》：「講，謀也。」五祀衛鼎銘中，定伯、伯俗父等「廼顜」就是謀議土田轉讓事宜。

第五，勘履田界，製作轉讓土田的四至地圖。此程序應當是土田轉讓的必經程序。賞賜者（包括周王）或出讓者，親自勘履所賜或出讓田地的田界。這一環節非常隆重，常常有出讓方、受讓方，甚至還有第三方（如九年衛鼎的顏有司）的執政官、小宗族長（如裘衛諸器的衛小子）、書史等辦事官參加。裘衛諸器的「者（圖）其鄉（向）」、「者（圖）其𦨶（塍）」，則是製作轉讓土田四至地圖的明證。標記田界在社會發展程度還處於「父系氏族」階段的獨龍族社會中已經發生（見圖 4）。〔註 177〕可參。

〔註 173〕唐蘭：《陝西省岐山縣董家村新出西周重要銅器銘辭的譯文和注釋》，《文物》1976 年 5 期。

〔註 174〕龐懷清：《陝西省岐山縣董家村西周銅器窖穴發掘簡報》，《文物》1976 年 5 期。

〔註 175〕劉傳賓《西周青銅器銘文土地轉讓研究》（吉林大學 2007 年碩士學位論文，頁 14）引吳振武說。

〔註 176〕劉傳賓《西周青銅器銘文土地轉讓研究》，頁 66。

〔註 177〕楊鶴書、陳啟新：《獨龍族父系氏族中的家庭公社試析》，《文物》1976 年 8 期。

圖 4：獨龍族人插竹為界，標記土地〔註 178〕

第六，付田，授圖。銘文中「付田」或稱作「即」，如曶鼎銘「凡用即曶田七田」。散氏盤銘：「氒（厥）受（授）圖夨王于豆新宮東廷。」〔註 179〕

第七，發誓堅信。如散氏盤銘：「夨卑（俾）鮮且、□旅誓曰：『我既付散氏田、器，有爽，實餘有散氏心賊，則爰千罰千，傳（斷）棄之。』」〔註 180〕又「乃卑（俾）西宮襄、武父誓曰：『我既付散氏濕田、牆田，餘有爽䜌（變），爰千罰千。」西宮襄、武父則誓。』」〔註 181〕

第八，賓贈相關人員。如十二年大簋蓋銘：「大賓賓豖訊章（璋）、馬兩；賓睽（睽）訊章（璋）、帛束。」這是西周的禮俗活動，嚴格來說，不能稱作「程序」。

〔註 178〕楊鶴書、陳啟新：《獨龍族父系氏族中的家庭公社試析》，圖一五。

〔註 179〕楊樹達《積微居金文說．散氏盤三跋》（《金文文獻集成》第 25 冊，頁 200）謂：「受讀為授，授圖夨王謂授圖之夨王，抑或夨王授圖之倒文。授田者為夨，則授圖者亦當為夨。或釋授圖于夨王，非也。」今從楊說。

〔註 180〕「傳」讀為「斷」，參蔡偉《讀書叢札》（劉釗主編《出土文獻與古文字研究》第 3 輯，復旦大學出版社，2010 年，頁 507）。

〔註 181〕散氏盤銘「則誓」的訓釋參孫常敘《則、灋度量則、則誓三事試解》（《古文字研究》第 7 輯，中華書局，1982 年）。

從上述金文中的土田轉讓事件及其轉讓程序可知，至遲從西周中期開始，貴族對於特定土田享有明確的所有權，即使是周王賜給大臣的土田（如師永盂），〔註 182〕也要劃界標明其歸屬。

第三節　從東周的土地轉讓回溯西周田制

《小邏輯》中有一段話說：「早期的體系被後來的體系所揚棄，並被包括在自身之內。」〔註 183〕若將其中的「體系」置換為「社會」，整句話就變成「早期的社會被後來的社會所揚棄，並被包括在自身之內」。基於這種認識，本節準備據東周時期的土地轉讓事件回溯西周田制。

一、春秋時期的土地轉讓

1. 許田

《左傳．隱公八年》：「鄭伯請釋泰山之祀而祀周公，以泰山之祊易許田。三月，鄭伯使宛來歸祊，不祀泰山也。」楊伯峻《注》：「鄭桓公為周宣王母弟，因賜之以祊，使於天子祭泰山時，為助祭湯沐之邑。周成王營王城，有遷都之意，故賜周公許田，以為魯君朝見周王時朝宿之邑。《詩．魯頌．閟宮》『居常與許』是也……鄭莊公或者見周王泰山之祀廢棄已久，助祭湯沐之邑無所用之，祊又遠隔，而許則近，因欲以祊易許。許有周公之別廟，恐魯以廢祀周公為辭拒之，故以捨泰山之祀而祀周公為辭。釋，捨棄也。容易，交易，互換也。許田據《太平寰宇記》，今河南省許昌市南有魯城，即此許田。」

《左傳．桓公元年》：「公即位，修好于鄭。鄭人請復祀周公，卒易祊田。公許之。三月，鄭伯以璧假許田，為周公、祊故也。夏四月丁未，公及鄭伯盟于越，結祊成也。盟曰：『渝盟，無享國！』」楊伯峻《注》：「隱公八年《傳》只云『使宛來歸祊』，『我入祊』，而未言以許田致鄭，故鄭復以再祭祀周公終此交易為請。魯初受祊而不致許者，或以祊小許大，不足抵償之故，鄭故加以璧。」

《公羊傳．桓公元年》：「鄭伯以璧假許田。其言以璧假之何？易之也。易之則其言假之何？為恭也。曷為為恭？有天子存，則諸侯不得專地也。許

〔註 182〕白於藍：《師永盂新釋》，《考古與文物》2010 年 5 期。
〔註 183〕黑格爾著，賀麟譯：《小邏輯．存在．附釋二》，商務印書館，1980 年，頁 190。

田者何？魯朝宿之邑也。諸侯時朝乎天子，天子之郊，諸侯皆有朝宿之邑焉。此魯朝宿之邑也，則曷為謂之許田？諱取周田也。諱取周田，則曷為謂之許田？系之許也。曷為系之許？近許也。」

《左傳·成公四年》:「鄭公孫申帥師疆許田。許人敗諸展陂。鄭伯伐許，取鉏任、泠敦之田。」楊伯峻《注》:「去年鄭曾侵許，掠奪田地，今年又帶領軍隊往定其經界，為許人所敗。至十四年，鄭又伐許，許不得已將此次公孫申所劃界之田與鄭以求成。」

2. 土可賈焉

《左傳·襄公四年》記魏絳向晉悼公陳述「和戎」的好處時說:「戎狄薦居，貴貨易土，土可賈焉。」楊伯峻《注》:「重視財貨，輕視土地。其土地可以買來。」

今按，鄭、魯交換許田在時間上距西周不遠，此事有以下四點值得注意：第一、交換主體具有對等性。雙方均為諸侯國，國君是交換行為的代表。第二、交換條件具有對等性。鄭國提出放棄祭祀泰山，以換取魯國放棄許田地區對周公的祭祀；鄭國又用玉璧補償許田大、祊地小之差價，切實保證交易的對等性。第三、土地權屬因祭祀而神聖難犯。許田的收穫物部份用於祭祀周公，這也是魯國先入祊地而後出讓許田的理由之一。第四、換土須盟誓結信。交換許田之後，雙方君長在越地會盟立誓。

從「土可賈焉」的記載看，春秋時期華夏族與周邊少數民族之間可能有過買賣土地的行為；而且從魏絳的語氣可知，「賈」土比軍事佔領更合算。

李零認為，金文中的「賈田」與此處「假許田」、「土可賈」之假、賈是一回事，應當是可信的。〔註184〕

當然，討論春秋時期的土地轉讓，就不得不提及當時貴族之間爭奪土地的一系列鬥爭。周自強曾按列國內部卿大夫之間爭奪土地、卿大夫與公室之間爭奪土地、卿大夫爭奪鄰國土地等三類進行了比較詳細的論述。周氏認為，是貪欲的驅使導致春秋中、後期貴族之間爭奪田邑的鬥爭異常激烈，列國之中又以晉國的鬥爭最為突出。〔註185〕因主題所限，這裏不便展開討論，我們

〔註184〕李零:《西周金文中的土地制度》,《李零自選集》,廣西師範大學出版社,1998年，頁100。

〔註185〕周自強主編:《中國經濟通史·先秦（下）》，經濟日報出版社，2007年，頁1036～1050。

僅談其中一件土田爭奪的事例。《左傳・成公十一年》（公元前 580 年）：「晉郤至與周爭鄇田。」何茲全評述此事說：

> 從以上所引文獻，特別是郤至和周王爭田這件事看來，到春秋時代，土地王有的性質已不那麼強之。鄇田在溫，本是周王的土地。從周初把這塊土地封給蘇忿生到春秋時晉侯把這塊土地給予郤至，這塊土地已是五易，六易其主了。郤至敢以「溫，吾故也，故不敢失」為理由來和周王爭這塊田，在他看來，這塊田之為他所有，是沒有問題的。周王的代表也只能以「若治其故，則王官之邑也」，從最早是誰所有上來爭，卻沒有以「溥天之下，莫非王土」作理由來反駁，這說明土地的貴族所有，已是相當牢固了。〔註 186〕

何氏說周王代表「沒有以『溥天之下，莫非王土』作理由來反駁」的評述值得注意。周王代表說溫為「王官之邑」，「王官」即蘇忿生一類大臣。將田邑說成某人之邑，與金文散田、厲田、政父田、格伯田等在田邑之前冠以主名的表述顯然是一致的。從這個角度看，西周的土地從周初就實行貴族所有制。可見，與其說周王代表沒有用「溥天之下，莫非王土」的理由來反駁郤至是因為春秋時期土地貴族所有的觀念已經確立，倒不如說西周就已承認土地為貴族所有的事實。春秋時期土地為貴族所有已是鐵板釘釘的事，但這並不妨礙春秋時人依舊高唱「溥天之下，莫非王土」的讚歌，所以「溥天之下，莫非王土」這句詩很值得探討。

兩周之際，華夏族與周邊少數民族的鬥爭還很激烈，華夏族在力量對比上並非一直處於優勢，厲王㝬（胡）鐘銘「南或（國）𠬝孳敢臽（陷）處我土」以及周平王被迫東遷就是明證。可以斷定，至少在齊桓公以前，「溥天之下，莫非王土」都是號召華夏族同周邊少數民族進行鬥爭的一面旗幟，這也是管仲輔佐齊桓公尊王攘夷的思想根源。《論語・憲問》記孔子說：「微管仲，吾其被髮左衽矣。」可見當時夷夏鬥爭之激烈。總之，「溥天之下，莫非王土」是讚歌，是口號，與制度層面的有關土地所有問題的西周習慣法或成文法規定，應該是兩回事。

〔註 186〕何茲全：《周代土地制度及其演變》，載入吳才麟、文明等主編《中國古代財政史研究》（夏、商、西周時期）中國財政經濟出版社，1990 年，頁 19。

二、戰國時期的土地轉讓

睡虎地秦簡、銀雀山漢簡出土後，學者一般認為戰國時期的基本土地制度是國家授田制，土地歸國家所有；〔註 187〕但戰國時期存在土地買賣，茲分述如下：

1. 楚國。包山楚簡第 151、152 號簡記錄了一樁土地買賣案件，簡文如下：

左馭番戌食田於祁國噬邑城田，一索半畹。戌死，其子番疐後之。疐死無子，其弟番䵒後之。䵒死無子，左尹士命其從父之弟番欵後之。欵食田，病於債，骨（儥）〔註 188〕儥之。左馭遊晨骨（儥）賈之。有五割、王士之後邦賞間之，言謂番戌無後。右司馬适命左令𢿢定之，言謂戌有後。〔註 189〕

楚國「食田」既可由親屬子弟繼承，亦可轉讓給別人，繼承和轉讓均受官方保護，可見此「食田」已具私有性質。〔註 190〕《國語．晉語》有「士食田」，韋昭《注》：「受公田也。」若包山簡的「食田」源於公田，那麼公田授出後已變成了私田。〔註 191〕

2. 趙國。《史記．廉頗藺相如傳》載趙括得到趙王所賜金帛，「歸藏於家，而日視便利田宅可買者買之」，則趙國官員可以購買田宅。

3. 秦國。《史記．王翦傳》：「王翦行，請美田宅園池甚眾。」又《漢書．食貨志》載董仲舒說：「至秦則不然，用商鞅之法，改帝王之制，除井田，民得賣買，富者田連仟伯，貧者亡立錐之地。」

〔註 187〕袁林：《兩周土地制度新論》，東北師範大學出版社，2000 年，頁 215。楊寬：《雲夢秦簡所反映的土地制度和農業政策》，《上海博物館集刊》（建館三十週年特輯），上海古籍出版社，1983 年，頁 127。沈長雲：《從銀雀山竹書〈守法〉、〈守令〉等十三篇論及戰國時期的爰田制》，《中國社會經濟史研究》1991 年 2 期。郝建平：《戰國授田制研究綜述》，《陰山學刊》2003 年 2 期。

〔註 188〕李家浩：《楚簡所記楚人祖先「娏（鬻）熊」與「穴熊」為一人說——兼說上古音幽部與微、文二部音轉》，《文史》，中華書局，2010 年第 3 輯，頁 27。

〔註 189〕陳偉主編：《楚地出土戰國簡冊〔十四種〕》，武漢大學簡帛研究中心，2008 年，頁 48。

〔註 190〕李學勤：《包山楚簡中的土地買賣》，《綴古集》，上海古籍出版社，1998 年，頁 153。劉釗：《釋「儥」及相關諸字》，《出土簡帛文字叢考》，臺灣古籍出版有限公司，2004 年，頁 120。

〔註 191〕據《上海博物館藏戰國楚竹書（四）．昭王毀室》（馬承源主編，上海古籍出版社，2004 年），楚昭王新建的宮殿侵佔了某位「君子」父母之墓，該「君子」以「召寇」相威脅，強求面見楚王。楚王問明真相之後，決定將剛修好的宮殿摧毀。由此可見，在楚國，墓地具備私有屬性。

過去曾有學者將趙括買地當作孤證，又將商鞅除井田說成董仲舒的誇誕之詞，如今結合楚國的材料分析，則戰國存在土地買賣是不容否認的。與目前能看到的春秋時期的土地轉讓事例相比，戰國楚簡中的土地買賣有了根本性的變化，那就是土地轉讓的主體由早期的大貴族變成了人丁單薄的小家庭。

摩爾根在《古代社會》末編「財產觀念的發展」中寫道：

> 最早的土地所有法是**部落**共有；在開始耕種土地之後，一部分部落土地為**各氏族**分得，每一氏族共用其份額；隨著時間的推移，土地又被分配給個人，而這種分配最終便導致了個人所有權。無人佔據的荒地仍然是氏族、部落和氏族共有的財產。這大概就是土地所有權所經歷的主要過程。〔註 192〕

從前舉包山簡的資料看來，戰國時期楚國的土地不僅已經分配給了個人，而且可以繼承、轉讓，摩爾根描繪的「土地所有權所經歷的主要過程」的終點——土地個人所有權，在戰國時期南方的楚國已經出現。

綜上所述，西周金文中的土田轉讓是貴族家族之間的田產轉移，這種現象在春秋初年依然存在；與戰國時期楚國人丁單薄的官員家庭轉讓土地相比，西周金文中土田轉讓的主體比較「大」，但買賣依然是買賣。可見，有關先秦「田里不粥（鬻）」的傳說，至遲在裘衛諸器的時代已經不完全適用。〔註 193〕

本章小結

1. 金文中的土田轉讓都是在貴族乃至邦國之間發生，而且轉讓事件多發生在今陝西境內。

2. 金文中的土田轉讓包括土田買賣、賠償、轉賜等類型，土田轉讓事件中有周王、王朝卿士、諸侯等「大人物」出現，也有書史、書尹友守史等負責具體事務的官員在場，可見土田轉讓在西周時期是非常重要的經濟事務。土田轉讓至遲在西周中期已形成整套「轉讓程序」，由此可見當時貴族對於特定土田的權利已經得到官方的承認和保護。

〔註 192〕〔美〕路易士·亨利·摩爾根著，楊東蓴等譯：《古代社會》，商務印書館，1981 年，頁 548。

〔註 193〕林甘泉《中國古代土地私有化的具體途徑》（文物出版社編輯部《文物與考古論集》，文物出版社，1986 年，頁 206）認為西周的田邑可以用來賞賜、賠償和交換，表明私有化的過程已經開始。

3. 西周金文中的土田轉讓事件，與春秋初年的土田轉讓事件，兩者有很強的可比性，據此可以深化對西周土田轉讓性質的認識。戰國時期，楚、趙、秦等國均存在土田買賣現象。有關先秦「田里不粥（鬻）」的傳說，至遲到西周中期已不完全適用。

第四章　西周金文中的土田管理

《國語·周語上》記西周參加籍禮的官員有「農大夫」、「農正」等，韋昭《注》：「農大夫，田畯也。」「農正，田大夫也，主敷陳籍禮而祭其神，為農祈也。」可見西周設有專官管理農田。有關西周土田管理的材料還散見於《尚書》、《詩經》、《周禮》等傳世典籍。楊寬、許倬雲曾對西周農業生產的組織和管理作過比較詳細的討論。〔註1〕史紅慶依據金文資料對西周土地管理進行過專題研究，〔註2〕而王彥飛、吳佳琳等人，〔註3〕則對傳世文獻中的先秦農業管理制度進行了探索。

本章在吸收現有成果的基礎上，擬對金文材料所涉土田管理的相關熱點問題加以研討。共分四部份：第一節討論金文中的土田管理職官，主要考察西周土田管理的職官結構，並據此推論其土田結構；第二節討論西周的圖、典，主要考察西周的土地、人口統計和管理概況；第三節討論西周土田爭訟，主要考察西周時期處理土田財產糾紛的理訟系統、理訟原則和理訟程序；第四節討論西周的籍田和胥賦，主要是從國家的宏觀層面和家族的微觀層面考察西周的農業生產、勞役和稅賦概況。

〔註1〕楊寬：《西周史》，上海人民出版社，1999年，頁183～295。許倬雲：《西周史》（增補本），生活·讀書·新知三聯書店，1999年，頁237～244。

〔註2〕史紅慶：《從金文資料看西周土地管理的多重性》，陝西師範大學2009年碩士論文。

〔註3〕王彥飛：《西周春秋農官考》，吉林大學2005年碩士論文。吳佳琳：《〈周禮〉中農業管理制度探討》，吉林大學2009年碩士論文。

第一節　金文土田職官考論

《西周金文官制研究》（以下簡稱《金官》）分傅保、師官、司徒等十四類對西周金文中的職官進行過分類彙考。〔註4〕本節參考該書研究成果，專門彙集與土田管理密切相關的職官，並據新出材料作相應補充。為方便檢索，茲列表如下：

附表一：金文土田職官統計表〔註5〕

序號	職官名	序號	任職者	器名
1	司徒	1	載	載簋
		2	免	免簠
		3	散邑	三年衛盉
		4	邑人趙	五祀衛鼎
		5	屰□	散氏盤
		6	疑	沬嗣土疑簋
		7	單伯	揚簋
		8	昷父	師永盂
		9	寺桒	吳虎鼎
		10	虒	十三年𤼈壺
		11	南宮乎	南宮乎鐘
		12	毛叔	此鼎
		13	梳	旗嗣土梳簋
		14	嗣	嗣土嗣簋
		15	部[illegible]	部[illegible]簋
		16	幽	盩嗣土幽卣
		17	不詳	盠方尊
		18	曶	曶壺
		19	𠭯嗣土	𠭯嗣土斧
		20	榮伯	宰獸簋
		21	南仲	無叀鼎

〔註4〕張亞初、劉雨：《西周金文官制研究》，中華書局，1986年。

〔註5〕張亞初、劉雨：《西周金文官制研究》，頁52，將衛盉銘「授田」理解為職官名，還有商討餘地，本表未列入。

		22	伯郜父	伯郜父鼎
		23	元	魯大左𤔲徒元鼎
		24	厚氏元	魯大𤔲徒厚氏元簠
		25	伯吳	魯𤔲徒伯吳盨
		26	仲齊	魯𤔲仕仲齊盨
2	司囿		諫	諫簋
3	司場	1	同	同簋
		2	南宮柳	南宮柳鼎
4	司林	1	同	同簋
		2	免	免簠
		3	免	免簋
		4	逑	逑盤
		5	逑	四十三年逑鼎
5	司麓		貞	散氏盤
6	司虞	1	同	同簋
		2	免	免簠
		3	丂、艿	散氏盤
		4	蓋、虎	吳虎鼎
		5	逑	逑盤
		6	逑	四十三年逑鼎
7	司牧	1	同	同簋
		2	免	免簠
8	司田		[illegible]	[illegible]鼎
9	司空		揚	揚簋
10	司鄙	1	恒	恒簋
		2	楚	楚簋
11	守堰		救	救簋蓋
12	司陂		微䜌	微䜌鼎

一、司徒

司徒，西周金文多作「𤔲土」，或作「𤔲徒」、「𤔲𢓊」，本文搜集的土田類金文中相關辭例有：

1. 𢦏簋：「𢦏，令汝作𤔲土，官司耤田。」

2. 免簠：「令免作𤔲土，𤔲奠還𢽾，眔虞眔牧。」

3. 三年衛盉：「伯邑父、焚伯、定伯、㮚伯、單伯廼令叄有𤔲：𤔲土𢼸邑、𤔲馬單旟、𤔲工邑人服眔授田。」

4. 五祀衛鼎：「廼令叄有𤔲：𤔲土邑人趞，𤔲馬頦人邦，𤔲工隓（墮）矩，內史友寺芻，帥履裘衛厲田四田。」

5. 散氏盤：「正履矢舍散田：𤔲土屰□、𤔲馬嚚□。」

6. 沬𤔲土疑簋：「沬𤔲土疑眔鄙。」

7. 揚簋：「𤔲徒單伯入佑揚。」

8. 師永盂：「奠𤔲𢓊㿽父。」

9. 吳虎鼎：「內𤔲土寺桼。」

除此之外，選錄其他金文中相關辭例十九條如下：

10. 十三年𤼈壺（《集成》15.9723～9724）：「王在成周𤔲土淲宮。」〔註6〕

11. 南宮乎鐘（《集成》1.181）：「土南宮乎作大林協鐘。」

12. 此鼎（《集成》5.2821～2823）：「𤔲土毛叔佑此。」〔註7〕

13. 旟𤔲土梌簋（《集成》6.3671）：「旟𤔲土梌作寶尊簋。」

14. 𤔲土𤔲簋（《集成》6.3696～3697）：「𤔲土𤔲作厥考寶尊彝。」

15. 郃𩰫簋（《集成》8.4197）：「用𤔲乃祖考事，作𤔲土。」

16. 盩𤔲土幽卣（《集成》10.5344）：「盩𤔲土幽作祖辛旅彝。」〔註8〕

17. 盠方尊（《集成》11.6013）：「用𤔲六師、王行、叄有𤔲：𤔲

〔註6〕鮮鐘（《集成》1.143）記王也在司徒淲宮。
〔註7〕此簋《集成》8.4303～4310與此鼎同銘。
〔註8〕盩𤔲土幽且辛尊《集成》11.5917與卣同銘。

𤔲土、𤔲馬、𤔲工……䚄（總）𤔲六師眔八師埶（藝）。」〔註9〕

18. 㫚壺（《集成》15.9728）:「作冢𤔲土于成周八師。」

19. 𢼄𤔲土斧（《集成》18.11785）:「𢼄𤔲土北征蒿𠙵。」

20. 宰獸簋:「𤔲土榮伯佑宰獸。」〔註10〕

21. 無叀鼎（《集成》5.2814）:「𤔲徒南仲佑無叀。」

22. 伯𨛫父鼎(《集成》5.2597):「晉𤔲徒伯𨛫父作周姬寶尊鼎。」

23. 魯大左𤔲徒元鼎（《集成》5.2592～2593）:「魯大左𤔲徒元作膳鼎。」

24. 魯大𤔲徒厚氏元簠（《集成》9.4689）:「魯大𤔲徒厚氏元作膳簠。」

25. 魯𤔲徒伯吳盨(《集成》9.4415):「魯𤔲徒伯吳，敢造作旅簋。」

26. 魯𤔲𢓊仲齊盨（《集成》9.4440～4441）:「魯𤔲𢓊仲齊。」〔註11〕「司徒」還見於早期傳世典籍，〔註12〕如：

27. 《尚書・牧誓》:「嗟我友邦冢君、御事、司徒、司馬、司空。」

28. 《左傳・定公四年》:「聃季授土，陶叔授民。」杜預《集解》:「聃季，周公弟，司空。陶叔，司徒。」

29. 《國語・周語上》:「司徒協旅。」又「司徒省民。」韋昭《注》:「司徒，掌合師旅之眾也。」

30. 《白虎通義・封公侯》:「司徒主人。不言人言徒者，徒，眾也。重民眾。」

典籍舊注多釋司徒為管理徒眾的官員，但據上列金文，西周「司徒」多作「司土」，照字面理解是管理土地的官員；如何對待典籍「司徒」舊注與金文「司土」之間的關係，學者們有不同的看法。

〔註9〕盠方彝《集成》16.9899～9900與盠方尊同銘。

〔註10〕羅西章：《宰獸簋銘略考》，《文物》1998年8期。西周中期器。

〔註11〕魯𤔲𢓊仲齊匜《集成》16.10275與魯𤔲𢓊仲齊盨同銘。

〔註12〕《周禮・地官・司徒》對大、小司徒的職掌有詳細記錄，因文字過長，此處不一一錄出。

吳大澂指出，司土掌土地人民，「土」字在晚周增繁作「徒」。〔註 13〕

楊樹達指出，舊注（引者按，即例 29、30）「徒」為徒眾不可信，司徒即司土，職守以土地為主；吳大澂既已指明「司土」掌管土地，卻又從舊注說司徒掌管徒眾，是「進退失據」。〔註 14〕

郭沫若指出，金文「冢𤔲土」即大司徒，「凡器之較古者均作𤔲土」，職司耤田；較晚的銅器中已有「司徒」。〔註 15〕

于省吾指出，金文「叄有𤔲＝土、𤔲馬、𤔲工」的「叄有𤔲」即矢方彝的「三吏」，典籍作「三吏大夫」或「三事大夫」。《周禮》司徒的屬官除掌管與土地有關的事務之外，還掌管邦國教化等事；而西周金文中的𤔲土「多係掌管有關土地方面的各種具體職務，不像《周禮》司徒的屬官，其職權範圍已經超出有關土地各事以外」。曶壺銘記王令曶任成周八師的冢𤔲土，此當係成周八師中𤔲土之長，其下可能有分職，與《周禮》中的大司徒則有區別。盠（引者按，或釋「盠」）方彝中，盠掌管六師及八師的穀類種植事宜。〔註 16〕

沈長雲反對楊樹達的觀點，認為「𤔲土」本當作「司徒」，「徒」是本字，「土」是借字；前人將周代司徒的職守歸結為民事管理，大體上是正確的；今人說司徒管理土地，不可信。〔註 17〕

羅西章指出，宰獸簋的「𤔲土」即司徒，是王室職務最高的執政大臣之一，掌管土地、人民、籍田、徒役等。周王在𤔲土淲宮舉行錫命大典（例 10），可知其地位之尊崇。〔註 18〕

《金官》指出，司土注重物、土，司徒注重人、徒眾，土、徒可能不是單純的文字通假問題；金文司徒的職掌有：

1. 管理土地（例 3、4）；
2. 管理農業生產（例 17）；
3. 管理籍田（例 1）；

〔註 13〕〔清〕吳大澂：《字說．工字說》，《金文文獻集成》第 18 冊，頁 71。

〔註 14〕楊樹達：《積微居小學述林．司徒司馬司空釋名》，《金文文獻集成》第 36 冊，頁 75。

〔註 15〕郭沫若：《金文叢考．周官質疑》，《金文文獻集成》第 25 冊，頁 360、361。

〔註 16〕于省吾：《略論西周金文中的「六𠂤」和「八𠂤」以及其屯田制》，《考古》1964 年 3 期，此據《金文文獻集成》第 40 冊，頁 371。

〔註 17〕沈長雲：《周代司徒之職辨非》，《中國史研究》1985 年 3 期。

〔註 18〕羅西章：《宰獸簋銘略考》，《文物》1998 年 8 期。按，「淲」當釋「虒」，詳「司場」。

4. 管理𩞄、虞、牧等農副業（例 2）；

5. 冊命時作儐右（例 7、12、21）；

6. 帶兵出征（例 19）。

上述職能 1 至 4 是司徒的基本職掌，5 至 6 是兼管；金文作𤔲土、𤔲徒，都是主農之意，司土管理土地，司徒管理在土地上從事勞作的農業生產者；司徒有王室司徒、諸侯司徒、地方司徒、軍隊司徒之分。〔註 19〕

按，例 9「內𤔲土寺㚔」表明王室內官也有司徒，〔註 20〕這是目前發現的唯一的一條西周內司徒材料。例 20 司徒榮伯作儐右，為上舉司徒的第 5 項職能增加了一條例證。土、仕、徒互作，如說司土管理土地，司徒管理人民，則仕字沒有著落。徒、仕均從土聲，三字可以互通，因此，沒有必要強行劃分司土、司徒的職掌。總之，西周司徒應該掌管土地與土地上的徒眾。從土地的角度講可以稱之為「司土」，從「徒眾」的角度講，則可以稱之為「司徒」。

二、司囿

諫簋：「先王既令汝𠭰𤔲王宥（囿）。」郭沫若讀宥為囿。〔註 21〕《周禮・地官・囿人》：「囿人掌囿遊之獸禁，牧百獸。祭祀、喪紀、賓客，共其生獸、死獸之物。」孫詒讓《正義》：「此囿自晐郊內靈囿言之，唯游別為小苑，與囿不同耳。委人別有野囿，在六遂以外，則似非此官所掌。」〔註 22〕《金官》指出，商代末期，王室已設立園林和動物園，「司王囿」就是充任王囿之長。〔註 23〕《孟子・梁惠王下》載文王之囿方七十里，可與諫簋互參。

〔註 19〕張亞初、劉雨：《西周金文官制研究》，中華書局，1986 年，頁 8、9。

〔註 20〕吳虎鼎銘有「道內右虞虎」、「伯道內司徒寺㚔」、「賓內司徒寺㚔幃」，李學勤《吳虎鼎考釋——夏商周斷代工程考古學筆記》（《考古與文物》1998 年 3 期）分別讀為「道內右虞虎」、「伯道內、司徒寺㚔」、「賓內、司徒寺㚔幃」，認為內、道內、伯道內是人名。按，此說有三處不妥：其一，參賸夫山鼎（《集成》5.2825）「南宮乎入佑賸夫山」，則「道內右虞虎」當讀為「道內（入）右虞虎」，「內」非人名；其二，「寺㚔」之「寺」表明「㚔」為閹人，與「內官」的身份相符；其三，鼎銘前言賓司空雍毅，接言賓內司徒，文理通順；中間若強行分出一個「內」，讓尊貴的佑者「伯道」和「寺㚔」一同受賓贈，不但文理不通，且於西周禮制亦不相符。總之，鼎銘「內司徒寺㚔」當是一人無疑。

〔註 21〕郭沫若：《兩周金文辭大系圖錄考釋》，《金文文獻集成》第 21 冊，頁 456。

〔註 22〕〔清〕孫詒讓：《周禮正義・囿人》，中華書局，1987 年，頁 1220。

〔註 23〕張亞初、劉雨：《西周金文官制研究》，中華書局，1986 年，頁 50。

三、司場

司場，見於下列金文：

1. 同簋：「王命同佐佑吳大父，𤔲場、林、虞、牧，自虒東至於河，厥逆（朔）至於玄水。」

2. 南宮柳鼎：「王乎乍冊尹冊令柳：𤔲六𠂤（師）牧、陽（場）大□，𤔲義夷陽（場）佃史（事）。」

例1「東」前一字，郭沫若釋為「淲」，疑即陝西洛水；玄水，即延水。〔註24〕陳夢家釋為「虒」，謂《漢書・地理志》上黨郡銅鞮縣「有上虒亭，下虒聚」；又上黨郡泫氏縣「泫氏，楊谷，絕水所出」，應劭《注》：「《山海經》泫水所出者也。」「虒東至於河」應指濁漳水上游；「厥逆至於玄水」應指今高平縣南丹水北的泫水；所指區域當今襄垣南至高平河兩岸。〔註25〕按，字當釋「虒」。〔註26〕該字又見於2009年新出的西周早期的內史亳豐同，〔註27〕銘作「祼弗敢虒」，或讀為「祼弗敢虒（惰）」。〔註28〕可從。例2于省吾斷讀作「𤔲六𠂤（師）牧陽、大□，𤔲羲、夷、陽佃史」，認為是命柳𤔲牧于陽、大□各地，以及𤔲羲、夷、陽農佃之事。〔註29〕陳夢家認為是王命柳為大□、六師之牧、陽及某邑之陽、甸史，皆屬於司徒之職；陽即場，甸史猶甸人，即甸師。〔註30〕

《金官》指出，場即場人，軍隊、夷隸均有場。〔註31〕《周禮・地官・場

〔註24〕郭沫若：《兩周金文辭大系圖錄考釋》，《金文文獻集成》第21冊，頁441，讀「逆」為朔，可從。張世超、孫凌安等《金文形義通解》（中文出版社，1996年，頁1195）釋為「唬」。王輝《一粟集》（上冊，臺灣藝文印書館，2002年，頁97、155）從郭沫若釋「淲」，認為淲、玄水在汧西鳳翔交界處，其引周原甲骨H11：30卜辭有誤，不可信。

〔註25〕《斷代》，頁222。

〔註26〕林澐：《新版〈金文編〉正文部分釋字商榷》，1990年中國古文字研究會南京第九屆年會論文。嚴志斌：《四版〈金文編〉校補》，吉林大學出版社，2001年，頁54。劉釗：《讀秦簡字詞劄記》，載入其《出土簡帛文字叢考》，臺灣古籍出版有限公司，2004年，頁147。

〔註27〕吳鎮烽：《內史亳豐同的初步研究》，《考古與文物》2010年2期。

〔註28〕宋華強：《新出內史亳器「虒」字用法小議》，武漢大學簡帛研究中心網站（http://www.bsm.org.cn），2010年5月3日。

〔註29〕于省吾：《略論西周金文中的「六𠂤」和「八𠂤」以及其屯田制》，原載《考古》1964年3期，此據《金文文獻集成》第40冊，頁371。

〔註30〕《斷代》，頁229。

〔註31〕張亞初、劉雨：《西周金文官制研究》，中華書局，1986年，頁10。

人》:「場人掌國之場圃，而樹之果蓏珍異之物，以時斂而藏之。凡祭祀、賓客，共其果蓏，享亦如之。」孫詒讓《正義》:「凡園地，種時則為園，收刈之後則為場，與田首之場圃異。」又「載師」，孫詒讓《正義》:「國中居人至眾，必有專地以樹蔬菜麻菓果木，乃足備用。此園地在國中及近郊之間，蓋於國門之外郭門之內空閒之地為之。《管子・輕重甲篇》云:『桓公憂北郭民之貧，召管子而問曰:「北郭者盡屨縷之甿也。以唐園為本利，為此有道乎？」管子對曰:「請以令禁百鐘之家不得事鞒，千鐘之家不得為唐園，去市三百步者不得樹葵菜。若此，則空閒有以相給資，則北郭之甿有所讎其手搔之功，唐園故有十倍之利。」』唐園即場園。此即園地在郭門空閒地之確證。」〔註32〕

今按，例1玄水、虒東當今山西省襄垣南至高平河兩岸一帶，距洛陽數百公里，〔註33〕此地仍由周王命官管理，可知周王擁有遼闊的屬地。

四、司林

司林，見於下列金文：

1. 同簋:「王命同佐佑吳大父，嗣場、林、虞、牧，自虒東至於河，厥逆（朔）至於玄水。」

2. 免簠:「王在周，命免作嗣徒，嗣奠還𪊲，眾虞眾牧。」

3. 免簋:「令汝疋周師嗣𪊲。」

4. 逑盤:「令汝疋榮兌，𦖞（總）嗣四方吳（虞）、䜌，用宮御。」

5. 四十三年逑鼎:「昔余既令汝疋榮兌，𦖞（總）嗣四方吳（虞）、䜌，用宮御。」

例2，李家浩指出:「司徒是掌管土地之官，故周王任命免為司徒，管理鄭縣地區的林、虞牧諸事，與《周禮》所記司徒的職掌相符合。」〔註34〕例3「周師」係人名，也見於守宮盤。〔註35〕郭沫若指出，免器的「𪊲」以同簋例之，

〔註32〕〔清〕孫詒讓:《周禮正義・場人》，中華書局，1987年，頁1221、1222。又《載師》，頁946、947。

〔註33〕據火車網(www.huoche.com.cn)，從襄垣縣到月山轉至洛陽的火車里程為302公里。

〔註34〕李家浩:《先秦文字中的「縣」》，《文史》第28輯，中華書局，1987年，頁51。

〔註35〕于省吾:《略論西周金文中的「六𠂤」和「八𠂤」以及其屯田制》，《考古》1964年3期，此據《金文文獻集成》第40冊，頁371。

當假為林，林為林衡。〔註 36〕《周禮・地官・林衡》:「林衡掌巡林麓之禁令，而平其守，以時計林麓而賞罰之。若斬木材，則受法于山虞，而掌其政令。」鄭玄《注》:「平其守者，平其地之民，守林麓之部分。計林麓者，計其守之功也。林麓蕃茂，民不盜竊則有賞，不則罰之。法，萬民入出時日之期。」賈公彥《疏》:「部分，謂部伍有多少遠近之分也。」〔註 37〕《金官》指出，金文司林由虞人兼管，與《周禮》記林衡「受法于山虞」相合。〔註 38〕

按，《逸周書・大聚》:「旦聞禹之禁：春三月山林不登斧，以成草木之長；夏三月川澤不入網罟，以成魚鱉之長。」睡虎地秦簡《田律》:「春二月，毋敢伐材木山林及壅隄水……到七月而縱之。」〔註 39〕《大聚》與秦律的規定大致相合。〔註 40〕結合金文的林官設置及九年衛鼎轉讓林地的情況來看，可以肯定周王很重視林地的管理。

五、司麓

散氏盤銘有「豆人虞丂彔貞」，是夨國有司。劉心源斷讀為：「豆人虞丂、彔、貞」，認為丂、彔、貞均為豆地的虞官。〔註 41〕郭沫若引王國維說，認為虞、彔（麓）皆為官名。〔註 42〕《金官》從王、郭之說，並認為仲騶父簋的彔旁仲騶父之彔也可能是職官；《周禮》林衡兼管林麓，而金文林、麓由兩種職官分掌。〔註 43〕

按，《國語・晉語九》:「主將適螻而麓不聞」，韋昭《注》:「麓，主君苑囿之官。《傳》曰：『山林之木，衡麓守之。』」

六、司虞

司虞，見於下列金文：

1. 同簋：「王命同佐佑吳大父，嗣場、林、吳（虞）、牧，自虒

〔註 36〕郭沫若：《金文叢考・周官質疑》,《金文文獻集成》第 25 冊，頁 361。
〔註 37〕〔清〕孫詒讓：《周禮正義・林衡》，中華書局，1987 年，頁 1204、1205。
〔註 38〕張亞初、劉雨：《西周金文官制研究》，中華書局，1986 年，頁 11。
〔註 39〕睡虎地秦墓竹簡整理小組編：《睡虎地秦墓竹簡・秦律・田律》，文物出版社，1990 年，頁 20。
〔註 40〕劉海年：《雲夢秦簡中有關農業經濟的法規》，載氏著《戰國秦代法制管窺》，法律出版社，2006 年，頁 73。
〔註 41〕〔清〕劉心源：《奇觚室吉金文述》,《金文文獻集成》第 13 冊，頁 278。
〔註 42〕郭沫若：《兩周金文辭大系圖錄考釋》,《金文文獻集成》第 21 冊，頁 463。
〔註 43〕張亞初、劉雨：《西周金文官制研究》，中華書局，1986 年，頁 11。

東至於河，厥逆（朔）至於玄水。」

2. 免簠：「王在周，命免作𤔲徒，𤔲奠還𣁋，眔吳（虞）眔牧。」

3. 散氏盤：「豆人虞丂，彔貞、師氏、右告、小門人䌛、原人虞艿。」

4. 吳虎鼎：「導內（入）右吳（虞）虎。」

5. 逑盤：「令汝疋榮兌，䵼（總）𤔲四方吳（虞）、榃，用宮御。」

6. 四十三年逑鼎：「昔余既令汝疋榮兌，䵼（總）𤔲四方吳（虞）、榃，用宮御。」

于省吾指出：「虞係掌管山林川澤之官，牧係掌管牧畜放牧之官……西周金文中有虞、牧而無衡……林衡在西周時歸虞人所管，尚未分化。」〔註44〕《金官》指出，《周禮．地官》有山虞、澤虞，西周金文之虞還不能分辨是山虞還是澤虞，不大的夨國至少就有兩個虞官，這種現象值得繼續研究。〔註45〕

按，《國語．魯語上》記宣公在夏天取魚，里革斷棄宣公的漁具，並詳論水虞、獸虞的職守。又《魯語下》：「叔向退，召舟虞與司馬。」韋昭《注》：「舟虞，掌舟。」《左傳．昭公二十年》記齊景公在沛澤打獵，「招虞人以弓，不進。公使執之。辭曰：『昔我先君之田也，旃以招大夫，弓以招士，皮冠以招虞人。臣不見皮冠，故不敢進。』」《孟子．萬章下》記招虞人「以皮冠，庶人以旃，士以旂，大夫以旌。」是先秦虞人有水虞、獸虞、舟虞之分。

七、司牧

司牧，見於下列金文：

1. 同簋：「王命同佐佑吳大父，𤔲場、林、虞、牧，自虒東至於河，厥逆（朔）至於玄水。」

2. 免簠：「王在周，命免作𤔲徒，𤔲奠還𣁋，眔虞眔牧。」

《金官》認為，西周金文中的「牧」相當於牧人，牧馬受簋（《集成》7.3878）的牧馬和𠈇匜（《集成》16.10285）的牧牛可能專指養牛馬的官員。〔註46〕《周禮．地官》記牧人「掌牧六牲而阜蕃其物，以共祭祀之牲牷。」孫詒讓

〔註44〕于省吾：《略論西周金文中的「六𠂤」和「八𠂤」以及其屯田制》，《考古》1964年3期，此據《金文文獻集成》第40冊，頁371。

〔註45〕張亞初、劉雨：《西周金文官制研究》，中華書局，1986年，頁10。

〔註46〕張亞初、劉雨：《西周金文官制研究》，中華書局，1986年，頁11。

《正義》:「此牧人是養牲之官，是養牲之官，牛人等是共牲之官，共牲當由牧人共入牛人等。」又《載師》職文下《正義》:「竊謂此牧田即《大宰》之『藪牧』，亦即《爾雅》之郊牧。《詩・邠風・靜女篇》云『自牧歸荑』，毛《傳》、鄭《箋》並以牧田為釋。又《國語・周語》云『國有郊牧』，韋《注》云:『國外曰郊。牧，放牧之地。』又云:『商之亡也，夷羊在牧』，《注》云:『牧，商郊牧野。』《詩・大雅・大明》孔《疏》引鄭《書注》云:『牧野，紂南郊地名。』《說文・土部》作坶，云『朝歌南七十里地。』南郊七十里地與牧田在遠郊正合。《左・隱》五年傳亦云:『鄭人侵衛牧』，此並遠郊牧田謂之牧也。《釋地》云:『郊外謂之牧。』彼郊即指近郊言之。蓋畜牧當辟民居與良田，必在近郊之外。故王國牧田自遠郊始，自此以外，甸稍縣畺皆有之。」〔註 47〕

八、司田

宂鼎銘有「遣仲令宂𤔲奠田」，柯昌濟認為即令宂治理鄭地之田。〔註 48〕李家浩說:「古代鄭地有三:一在今陝西華縣北，為周穆王所都；一在今河南新鄭，為『虢鄭』之『鄭』，即東周的鄭國；一在今陝西南鄭縣東，即《漢書・地理志》漢中郡南鄭縣。」〔註 49〕《管子・小匡》有「大司田」，負責開荒種糧，盡地之利。〔註 50〕

九、司空

揚簋銘有「揚，作𤔲工，官𤔲糧田甸」，甸即甸師或甸人的省稱。〔註 51〕《周禮・天官・甸師》:「甸師掌帥其屬而耕耨王藉。」《左傳・成公十年》:「晉侯欲麥，使甸人獻麥。」杜預《注》:「甸人，主為公田者。」《金官》指出，掌管修建房屋當為揚的本職工作。〔註 52〕

〔註 47〕〔清〕孫詒讓:《周禮正義》，中華書局，1987 年，牧人、載師條，頁 915、943、944。

〔註 48〕柯昌濟:《韡華閣集古錄跋尾》，《金文文獻集成》第 25 冊，頁 128。

〔註 49〕李家浩:《先秦文字中的「縣」》，《文史》第 28 輯，中華書局，1987 年，頁 50。

〔註 50〕黎翔鳳:《管子校注》，中華書局，2004 年，頁 449〔注〕10。

〔註 51〕裘錫圭:《西周糧田考》，原載張永山主編《胡厚宣先生紀念文集》，科學出版社 1999 年。修訂版轉載於復旦大學出土文獻研究中心網站。

〔註 52〕張亞初、劉雨:《西周金文官制研究》，中華書局，1986 年，頁 23。

十、司鄙

金文中司鄙的材料目前有兩條：

1. 恒簋：「王曰：『恒，令汝更京克，司直鄙。』」

2. 楚簋：「內史尹氏冊命楚：『赤雝市、鑾旂，取徵五寽，司莽鄙，官內（入）師舟。』」

《左傳·昭公二十三年》：「劉子取牆人、直人。」楊伯峻《注》謂直人可能在新安縣境，此「直」不知是否即恒簋「直鄙」之直。楚簋的「莽」，王輝據吳虎鼎銘「莽」、「畢」接近，推定「莽」在今長安縣鎬京鄉與西安市阿房宮鄉之間。〔註 53〕《金官》認為，鄙即「都鄙」之鄙，司鄙可能是管理各種采地的官員。〔註 54〕

十一、守堰

救簋蓋銘有「用大備於五邑守堰」，《金官》以為即周王令救主管五邑守堰之事，可能是建築城堡一類的守衛工事，未必和壅水相關。〔註 55〕

按，《廣雅·釋宮》：「郾之言偃也，所以障水，或用以取魚……偃潴，畜流水之陂也。」《周禮·秋官·薙氏》：「薙氏掌溝瀆澮池之禁。」又《秋官·序官》「薙氏」下鄭玄《注》：「薙，謂堤防止水者也。」〔註 56〕《墨子閒詁·備水》：「視水可決，以臨轒輼，決外堤。」《戰國策·東周》：「東周欲為稻，西周不下水。」可見水關乎安全和農業生產，需要守衛；《金官》棄「守堰」不用，另造「建築城堡」一說，似不可信。

十二、司陂

微䜌鼎銘有「王令微䜌粣（總）嗣九陂」，《金官》認為，九陂即眾陂，司九陂就是管理水利工程的職官，與《周禮》川衡、澤虞的職掌有相似之處。〔註 57〕按，《國語·周語上》：「澤不陂，川不梁。」韋昭《注》：「陂，障也。

〔註 53〕考古與文物編輯部：《吳虎鼎銘座談紀要》，《考古與文物》1998 年 3 期，王輝發言。

〔註 54〕張亞初、劉雨：《西周金文官制研究》，中華書局，1986 年，頁 53。

〔註 55〕張亞初、劉雨：《西周金文官制研究》，中華書局，1986 年，頁 22。

〔註 56〕裘錫圭《甲骨文中所見的商代農業》（《古文字論集》，中華書局，1992 年，頁 181）認為卜辭壅田大概與雍氏有關，則商代農耕已有防澇技術。

〔註 57〕張亞初、劉雨：《西周金文官制研究》，中華書局，1986 年，頁 11。

古不竇澤，故障之也。」

從上述西周土田職官的簡要清理可知，周王擁有大量的直屬領地，若按其自然形態分，包括山林、水澤、苑囿和牧場等，都設有專官管理；從空間分佈看，自陝西𦨶鄙至東部的虒、泫水一帶都有周王領地，地域非常遼闊。「司田」及大量「司徒」的金文資料表明，西周農業具有重要地位，同時林、牧、苑囿等「副業」在王室經濟中仍佔重要地位。

第二節　西周的圖、典

辛棄疾《最高樓》:「閑飲酒，醉吟詩。千年田換八百主，一人口插幾張匙。」〔註 58〕一句「千年田換八百主」反映了土地經常易主的事實。人們可以把普通動產放入倉庫，但無法像佔有動產那樣長期、直接佔有自然界的絕大部份土地；人們對於土地的各種權利，一般是通過比較複雜的制度設計來實現的。馬克思說:「土地所有權的前提是，一些人壟斷一定量的土地，把它作為排斥其他一切人的、只服從自己個人意志的領域。」〔註 59〕這段論述的背景是資本主義在世界範圍內迅猛發展，清晰、明確的財產個人所有制猛烈衝擊舊時代的其它各種財產制度。而在前資本主義時期，我們還不能貿然斷定土地所有權是「個人意志的領域」;但可以肯定:當某些人主張對某一地塊或地域的權利時，實際上就意味著他們要讓此地至少在某一方面成為其意志支配的專屬領域。這種抽象的意志，須經由某些具體的制度安排來實現並維持。

在中國古代，土地登記是政治集團用以維持某種土地制度的具體辦法之一，著名的魚鱗圖冊即其例。〔註 60〕但是，當歷史回溯至西周王朝，當時是否存在土地登記制度或相關的制度，因資料晚出而稀缺，學界有爭議。〔註 61〕《尚

〔註 58〕朱德才選注:《辛棄疾詞選》，人民文學出版社，1988 年，頁 145。

〔註 59〕〔德〕馬克思:《資本論·超額利潤轉化為地租·導論》，中共中央馬克思恩格斯列寧斯大林著作編譯局編譯《馬克思恩格斯全集》(第 2 版) 第 25 卷下冊，頁 695。

〔註 60〕〔清〕顧炎武著，黄汝成集釋，秦克誠點校:《日知錄·圖》，嶽麓書社，1994 年，頁 785。黃汝成言鄉都圖制起於南宋。

〔註 61〕〔清〕顧炎武著，黄汝成集釋，秦克誠點校:《日知錄·圖》，頁 787。徐喜辰:《井田制度研究》，吉林人民出版社，1982 年，頁 199～207。陳力:《西周土地制度考辨》,《四川師範大學學報》1989 年 6 期。侯志義:《采邑考》，西北大學出版社，1989 年，頁 4。據魯鑫《包山楚簡州、里問題研究綴述》(《中原文物》2008 年 2 期),「戰國晚期楚國的名籍登記制度已經很完善」。

書・多士》:「惟爾知,惟殷先人,有冊有典,殷革夏命。」〔註62〕可見商代已有記事典冊。《荀子・榮辱》:「循法則、度量、刑辟、圖籍,不知其義,謹守其數,慎不敢損益也,父子相傳,以持王公,是故三代雖亡,治法猶存,是官人百吏之所以取祿職也。」楊倞《注》:「圖,謂模寫土地之形;籍,謂書其戶口之數也。」荀子述三代「治法」有「圖籍」,則西周存在登記土地、戶口的圖籍制度。目前金文中還沒有發現圖、籍連言的資料,與之義近的是圖、典。本節擬從金文中有關圖、典的古文字資料切入,對相關問題加以討論。

一、圖

金文中包含「圖」字的資料有:〔註63〕

1. 子廠圖卣、尊、方彝(《集成》10.5005、11.5682、16.9870):「子廠圖。」

2. 宜侯夨簋:「〔王〕省武王、成王伐商圖,𢓊省東國圖。」

3. 散氏盤:「厥受圖夨王于豆新宮東廷。」

4. 無叀鼎(《集成》5.2814):「王各于周廟,述于圖室。司徒南仲佑無叀,入門,立中廷。」

5. 膳夫山鼎(《集成》5.2825):「唯卅又七年,正月初吉庚戌,王在周,各圖室。南宮乎入佑膳夫山,入門,立中廷。」

上引各例「圖」字對應的金文字形〔註64〕

〔註62〕馮勝君《出土材料所見先秦古書的載體以及構成和傳佈方式》(復旦大學出土文獻與古文字研究中心網站,2010年8月18日)說:「商代甲骨刻辭中『冊』或從『冊』之字的用法多與簡冊有關,這應該是商代已有竹木簡編聯成的簡冊做為書寫載體的有力證據。」王蘊智《「典」「冊」考源》、《「典」「冊」古音及上古舌齒音聲母同源例析》(《甲骨文獻集成》第14冊,頁89、90,194、195)認為典、冊是同源分化字。

〔註63〕戰國文字中「圖」字或作「𡇎」、「㨖」、「图」、「𢒉」,參白於藍《釋「𢒉」》(《中國文字研究》2010年第2輯)。

〔註64〕容庚:《金文編》,中華書局,1985年,頁425。裘衛諸器銘中「者其鄉」、「者其鄉」的「者」字也用作圖,參白於藍《師永盂新釋》(《考古與文物》2010年5期)。

例 1「圖」為商代晚期人名〔註 65〕，證之以馬王堆漢墓帛書《老子》甲本卷後古佚書《九主》篇簡 358～359「伊尹布圖陳策」語，則商代已有「圖策」。〔註 66〕例 2「伐商圖」、「東國圖」的「圖」，陳夢家、陳邦福等人釋為「鄙」；郭沫若、唐蘭等人釋為「圖」，訓作地圖。〔註 67〕例 3 學界公認為「圖」字，一般訓作地圖，陳夢家訓作丹圖、約劑。〔註 68〕例 4、5 兩器的年代在西周晚期，〔註 69〕其中的「圖室」，陳夢家說設在周廟，二者俱在「周」。〔註 70〕黃盛璋認為，圖室設於周廟，周王在此冊命大臣，應屬機要之地，其中的地圖當與國家軍事、政治有關。〔註 71〕

今按，從字形角度分析，以上五例均為圖字無疑。《說文・口部》：「圖，畫計難也，從囗從啚。啚，難意也。」徐鍇曰：「規劃之也，故從囗。」楊樹達認為，圖字從囗、啚，囗像國邑，啚為邊鄙之邑，圖字兼具國邑和邊邑，本義為地圖；古代畫計、圖謀必稽之於圖籍，所以圖字又引申出圖謀、畫計之義。〔註 72〕由例 1 可知，「圖」字在商代已經出現。例 2、3 的「圖」字，學者多訓為地圖，可信。例 4、5「圖室」設在周廟。《孟子・告子下》：「不百里，不足以守宗廟之典籍。」可見先秦宗廟藏有重要文書。〔註 73〕金文顯示西周有書史、書尹友等職官掌管土田交易文書的製作，〔註 74〕這些文書也可能藏於宗廟。上述五例金文中，學界公認散氏盤之「圖」與土田問題密切相關。高鴻縉、張筱衡、曲英傑曾復原散氏盤分田路線圖，可參。〔註 75〕此外，

〔註 65〕吳鎮烽：《金文人名彙編》（修訂本），中華書局，2006 年，頁 356。

〔註 66〕國家文物局古文獻研究室編：《馬王堆漢墓帛書〔壹〕》，文物出版社，1980 年，頁 29。釋文參白於藍《虎溪山漢簡〈閻氏五勝〉校讀二記》（劉釗主編《出土文獻與古文字研究》第 3 輯，復旦大學出版社，2010 年，頁 344）。

〔註 67〕周寶宏：《西周青銅重器銘文集釋》，天津古籍出版社，2007 年，頁 86、87。

〔註 68〕《斷代》，頁 348。

〔註 69〕李學勤：《膳夫山鼎年世的確定》，《文物》1999 年 6 期。王世民、陳公柔、張長壽：《西周青銅器分期斷代研究》，文物出版社，1999 年，頁 34。

〔註 70〕《斷代》，頁 288。

〔註 71〕黃盛璋：《銅器銘文宜、虞、夨的地望及其與吳國的關係》，《考古學報》1983 年 3 期。

〔註 72〕楊樹達：《釋啚》、《釋圖》，《積微居小學述林》，《金文文獻集成》第 36 冊，頁 25、28。

〔註 73〕圖室也可能繪有周先王圖像。《楚辭・天問》王逸《章句》記屈原見楚先王之廟及公卿祠堂有古代賢聖的圖畫。

〔註 74〕詳本文第三章第一節。

〔註 75〕高鴻縉：《散盤集釋》，《臺灣師範大學學報》1957 年 2 期。張筱衡：《散盤考

格伯簋、師永盂、九年衛鼎等器也提及勘履地界之事，其中五祀衛鼎、吳虎鼎清楚記錄了土田疆界（見圖 1、2）。

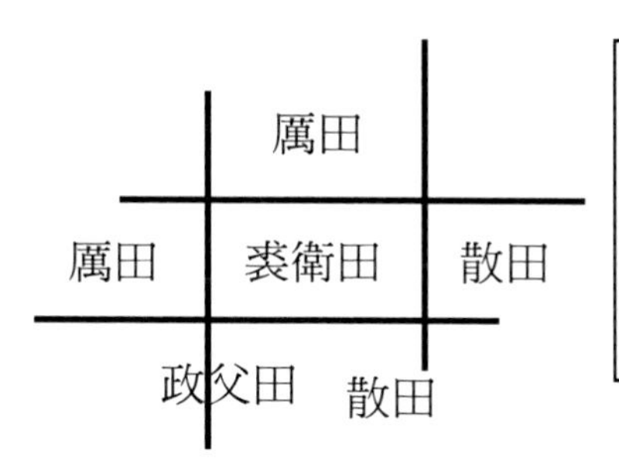

氒（厥）逆（朔）彊（疆）眔厲田，氒（厥）東彊（疆）眔散田，氒（厥）南彊（疆）眔散田、眔政父田，氒（厥）西彊（疆）眔厲田。

圖 1：五祀衛鼎田界四至示意圖

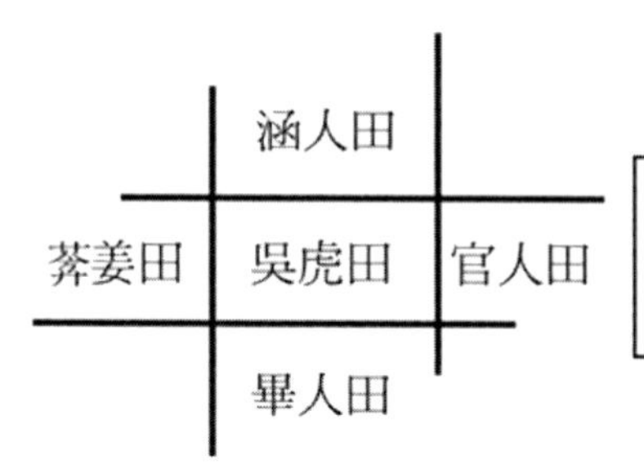

氒北疆涵人眔疆，氒東疆官人眔疆，氒南疆畢人眔疆，氒西疆荠姜眔疆。

圖 2：吳虎鼎田界四至示意圖〔註 76〕

論及先秦地圖和土田管理，必然要提到《周禮》。該書在《史記．封禪書》作「《周官》」，〔註 77〕其成書年代，學界聚訟已久。〔註 78〕郭沫若認為，《周官》體例以天地四時配六官，每官六十個職位，六六三百六十，與黃道周天度數相合，顯然是受星曆知識影響的結果；其書可能是荀卿門徒所作，但全書沒有寫完。〔註 79〕顧頡剛說：「《周官》我敢斷定是齊國人所作，但今本《周官》是否即是齊國的原本，我卻不敢斷定。」顧氏又引楊椿觀點，認為《周禮》是戰國

釋（上、下）》，《金文文獻集成》第 29 冊，頁 35。曲英傑：《散盤圖說》，《西周史研究》（人文雜誌叢刊第 2 輯）1984 年，頁 325。

〔註 76〕包山簡 154 號有段文字與五祀衛鼎、吳虎鼎的情形相似，簡為作：「王所舍新大廄以啻蔽之田，南與郙君執疆，東與蔆君執疆，北與鄝昜執疆，西與鄱君執疆。」參湖北省荊沙鐵路考古隊編《包山楚簡》（文物出版社，1991 年）。

〔註 77〕楊天宇：《關於〈周禮〉書名、發現及其在漢代的流傳》，《史學月刊》1999 年 4 期。

〔註 78〕周書燦：《20 世紀以前的〈周禮〉學述論》，《河北師範大學學報》（哲社版）2006 年 4 期。劉豐：《百年來〈周禮〉研究的回顧》，《湖南科技學院學報》2006 年 2 期。

〔註 79〕郭沫若：《金文叢考．周官質疑》，《金文文獻集成》第 25 冊，頁 369。

法家的著作，曾有散亡，漢儒將其補苴成五官。〔註 80〕張亞初等認為，《周禮》三百五十六官有九十六官與西周金文相同或相近，《周禮》成書時參照了西周職官的實況。〔註 81〕陳漢平比較金文和《周禮》職官體系之後提出：「筆者傾向於《周官》成書在西周之說，此書之寫作時間絕不致晚在戰國初年」。〔註 82〕楊天宇排比《周禮》成書於西周、春秋、戰國、周秦之際、西漢諸說，認為戰國說比較允當。〔註 83〕沈長雲將春秋官制同《周禮》進行比較，認為《周禮》的成書年代不會早於春秋末葉，或當在戰國前期。〔註 84〕朱紅林認為秦簡中的「金布」與《周禮》中的「泉府」相似，但秦簡《金布律》規定周密細緻，遠非《周禮》所及，《周禮》中的制度明顯早於秦漢律。〔註 85〕

按，今本《周禮》以天地四時分述職官，有陰陽五行家色彩，〔註 86〕且體例宏大，〔註 87〕顯然被後人編排整理過；但該書有很多職官淵源有自，很可能是據官府檔案彙編而成〔註 88〕。在此認識基礎上，我們繼續討論《周禮》中表示實際物體的「圖」字，〔註 89〕相關資料有以下十四條：

〔註 80〕顧頡剛：《「周公制禮」的傳說和〈周官〉一書的出現》，《文史》第 6 輯，中華書局，1979 年。

〔註 81〕張亞初、劉雨：《西周金文官制研究》，中華書局，1986 年，頁 140。

〔註 82〕陳漢平：《西周冊命制度研究》，學林出版社，1986 年，頁 217、218。

〔註 83〕楊天宇：《略述〈周禮〉的成書時代與真偽》，《鄭州大學學報》（哲社版）2000 年 4 期。

〔註 84〕沈長雲，李晶：《春秋官制與〈周禮〉比較研究——〈周禮〉成書年代再探討》，《歷史研究》2004 年 6 期。

〔註 85〕朱紅林：《里耶秦簡「金布」與〈周禮〉中的相關制度》，《華夏考古》2007 年 2 期。

〔註 86〕沈長雲：《周代司徒之職辨非》，《中國史研究》1985 年 3 期。

〔註 87〕李零：《簡帛古書與學術源流．古書的構成》，生活．讀書．新知三聯書店，2004 年，頁 198。

〔註 88〕劉起釪（《尚書校釋譯論》中華書局，2005 年，頁 1661）評述《立政》「提出了周初官職建制系統，實際是一張由內及外較繁的大大小小的官名單子。」又《國語．周語中》記周定王（前 606～前 586）時的單襄公說「周之秩官」，其中迎賓活動牽涉的職官就有關尹、行理、候人、門尹、宗祝、司里、司徒、司空、司寇、虞人、甸人、火師、水師、膳宰、廩人、司馬、工人等近二十項。韋昭《注》：「秩官，周常官，篇名。」可見當時官府有官員建置檔案。劉雨《西周金文中的相見禮》（《金文論集》，紫禁城出版社，2008 年，頁 60）認為「朝」、「問」、「聘」等詞語不見於西周金文，但見於戰國金文，且同文獻用例相合，這說明戰國人用當時的語言整理過禮書。

〔註 89〕孫瑞《〈周禮〉中版圖文書制度與人口土地資源管理探析》（《人口學刊》2003 年 3 期）對《周禮》中的版圖制度有詳細討論，可參。

第一、天官

1.《小宰》:「三曰聽閭里以**版圖**。」鄭玄《注》引鄭司農說：「版，戶籍。圖，地圖也。聽人訟地者，以版圖決之。」

2.《司會》:「掌國之官府、郊野、縣都之百物財用凡在書契**版圖**者之貳，以逆群吏之治，而聽其會計。」鄭玄《注》:「版，戶籍也。圖，土地形象，田地廣狹。」

3.《司書》:「司書掌邦之六典、八法、八則、九職、九正、九事邦中之版，**土地之圖**，以周知入出百物。」賈公彥《疏》:「以其司會主鉤考，司書掌書記之，司書所記，司會鉤考之，故二官所掌，其事通焉。」

4.《內宰》:「內宰掌書**版圖**之法。」鄭玄《注》:「圖，王及後、世子之宮中吏官府之形象也。」孫詒讓《正義》:「吏官府之形象，謂吏人所居之府寺，其方位界域，廣狹遠近，悉書其形象於圖也。凡經言版圖，圖並謂地圖。」

第二、地官

5.《大司徒》:「大司徒之職，掌建邦之土地之圖與其人民之數，以佐王安擾邦國。以天下土地之圖，周知九州之地域廣輪之數。」鄭玄《注》:「土地之圖，若今司空郡國與地圖。」賈公彥《疏》:「總掌天下版圖之法，與司會、司書、職方氏、司民為官聯也……建者，謂修而立之。」

6.《小司徒》:「凡民訟，以地比正之；地訟，以圖正之。」鄭玄《注》:「地訟，爭疆界者。圖謂邦國本圖。」孫詒讓《正義》:「先鄭謂此以地比正民訟，猶後世斷訟以里鄰為證左。云田畔所與比者，以經云地比，明田畔相比，則居亦相近也。然此比實當為比居之比，與五家為比義不同，先鄭說失之。」

7.《遂人》:「遂人掌邦之野。以土地之圖經田野，造縣鄙形體之法。」鄭玄《注》:「經、形體，皆謂制分界也。」

8.《土訓》:「土訓掌道**地圖**，以詔地事。」鄭玄《注》:「道，說也。說地圖，九州形勢山川所宜，告王以施其事也。」

9.《卝人》:「卝人掌金玉錫石之地，而為之厲禁以守之。若以時取之，則物其地，圖而授之。」鄭玄《注》:「物地，占其形色，知鹹淡也。授之，教取者之處。」

附:《左傳·宣公三年》:「昔夏之有德也，遠方圖物。」楊伯峻《注》:「圖畫遠方各種物像。」

第三、春官

10. 《冢人》:「冢人掌公墓之地，辨其兆域而為之圖。」鄭玄《注》:「公，君也。圖，謂畫其地形及丘壟所處而藏之。」

11. 《墓大夫》:「墓大夫掌凡邦墓之地域，為之圖，令國民族葬。」鄭玄《注》:「凡邦中之墓地，萬民所葬地。族葬，各從其親。」

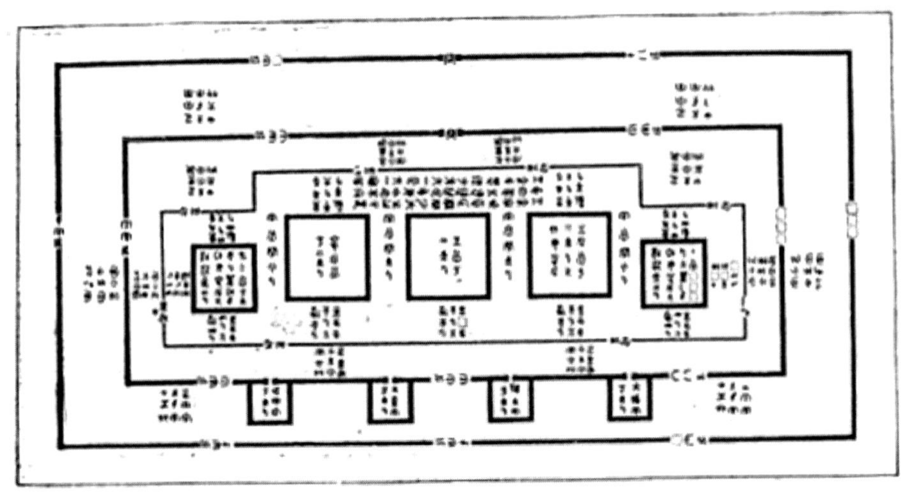

圖 3：河北平山戰國中山王墓兆域圖摹本〔註 90〕

第四、夏官

12. 《司險》:「司險掌九州之圖，以周知其山林川澤之阻，而達其道路。」鄭玄《注》:「達道路者，山林之阻則開鑿之，川澤之阻則橋梁之。」

〔註 90〕河北文物管理處：《河北省平山縣戰國時期中山國墓葬發掘簡報》，《文物》1979 年 1 期，圖二五。「兆域圖」為銅板，長 94、寬 48、厚約 1 釐米，已被燒變形。銅板上有金銀鑲錯的「兆域」——葬域平面示意圖，還有中山王的詔書，詔書說:「王命賈為兆法，闊狹小大之度，有事諸官圖之。進退違法者死無赦，不行王命者殃連子孫。其一從，其一藏府。」參徐中舒、伍士謙：《中山三器釋文及宮堂圖說明》，《徐中舒歷史論文選輯》，中華書局，1998 年，頁 1329～1349。

13.《職方氏》:「職方氏掌天下之圖，以掌天下之地，辨其邦國、都鄙、四夷、八蠻、七閩、九貉、五戎、六狄之人民與其財用、九穀、六畜、之數要，周知其利害。」

附:《逸周書·職方》:「職方氏掌天下之圖，辨其邦邑都鄙、四夷八蠻、七閩九貉、五戎六狄之人民，與其財用、九穀、六畜之數，周知其利害。」〔註91〕又，《程典》:「慎地必為之圖，以舉其物。」

第五、秋官

14.《司約》:「凡大約劑，書于宗彝；小約劑，書於**丹圖**。若有訟者，則珥而辟藏，其不信者服墨刑。」鄭玄《注》:「大約劑，邦國約也。書於宗廟之六彝，欲神監焉。小約劑，萬民約也。丹圖，未聞。或有彫器簠簋之屬，有圖像者與？《春秋傳》曰:『斐豹，隸也，著於丹書。』今俗語有鐵券丹書，豈此舊典之遺言。」

上引十四條材料中的「圖」，可細分為三類：其一，丹圖；其二，兆域圖；其三，土地之圖。例14所述「丹圖」的確切形制，連鄭玄都說「未聞」，後世學者也只能猜測。〔註92〕例10、11所記兆域圖，實物見於河北平山戰國中山王墓（見附圖），再結合考古發掘的西周族葬墓分析，〔註93〕西周當有兆域區劃。

例1～9、12、13的「圖」字均為地圖。其中例6記「小司徒」以邦國本圖裁決土地糾紛，可與「封人」職掌合觀。《地官·封人》:「凡封國，設其社稷之壝，封其四疆。造都邑之封域者亦如之。」封人見於商代古文資料，茲錄如下：

《屯南》3398片 :「□畜封人。」

「□畜封人。」

《屯南》3121片 :「□畜封□。」

小屯北朱書玉戈銘 :「在𣲵執守，封人在入（內）。」

據劉釗考證，上述「封人」可與卜辭「南封」、「二封方」、「三封方」、「四封

〔註91〕黃懷信認為《職方》作於周室東遷之後，時代在春秋早期；《程典》本出西周而經春秋加工改寫（《逸周書校補註譯》修訂本，三秦出版社，2006年，頁62、63）。

〔註92〕〔清〕孫詒讓:《周禮正義》第11冊，中華書局，1987年，頁2847～2849。

〔註93〕盧連成、尹盛平:《古矢國遺址、墓地調查記》,《文物》1982年2期。

方」以及古璽文「封人」比觀，當即《周禮》之「封人」。〔註 94〕李零則指出，「封」是用以卡定疆界四至的四個標誌點，其上往往植樹；考古發現的各種圍溝，舊釋「防禦設施」，其實就是「溝樹」的遺跡。〔註 95〕例 13「職方氏」可同《逸周書・職方》互證。總之，《周禮》關於「圖」的記載是可信的。

此外，《論語・子罕》:「鳳鳥不至，河不出圖，吾已矣夫！」顧頡剛認為，「河不出圖」是指孔子所處的年代，很多諸侯國不再向周王致送圖籍，周室也無從知曉各國土地人民的消長情況。〔註 96〕可見，西周諸侯須向周王室進獻圖籍。

再從技術層面分析，西周當已具備繪製地圖的技術條件。《逸周書・度邑》，黃懷信訂為西周文獻，〔註 97〕其中有「自雒汭延于伊汭，居陽無固，其有夏之居。我南望過於三塗，我北望過於有岳，丕願瞻過於河，宛瞻于伊、雒」，林澐認為，周武王是在嵩山山頂度邑，視野相當寬闊。〔註 98〕這種登高遠望、觀察廣大區域地形地貌的行為，無疑是繪製大幅地圖的條件之一。《尚書・洛誥》:「我又卜瀍水東，亦惟洛食。伻來以圖及獻卜。」其中的「圖」字，舊注訓為洛地之圖。〔註 99〕周人營建洛邑有何尊銘文參證，確鑿無疑。據此可知，周初已繪製了區域地圖。

目前發現的早期地圖中，甘肅天水放馬灘一號秦墓地圖畫在松木板上，何雙全指出，晉代裴秀總結的分率（比例尺）、準望（方位）、道里（距離）、高下（地勢起伏）、方邪（傾斜角度）、遷直（河流、道路的曲直）等「製圖六體」，放馬灘秦地圖除分率之外，其餘各要素均已具備；若按內容分類，放馬

〔註 94〕劉釗：《殷有「封人」說》，《甲骨文獻集成》第 13 冊，頁 424。

〔註 95〕李零：《西周金文中的土地制度》，《李零自選集》，廣西師範大學出版社，1998 年，頁 104。徐中舒《井田制度探原》（《徐中舒歷史論文選輯》，中華書局，1998 年，頁 731）認為蒙古的「鄂博」有封樹遺意。

〔註 96〕顧頡剛：《三皇考》，轉引自劉起釪《尚書校釋譯論》，中華書局，2005 年，頁 1762、1763。蔡運章：《河圖洛書之謎》，《甲骨金文與古史新探》，中國社會科學出版社，1996 年，頁 135、136。

〔註 97〕黃懷信：《逸周書校補註譯》修訂本，三秦出版社，2006 年，頁 63。

〔註 98〕林澐：《天亡簋「王祀於天室」新解》，《林澐學術文集》，中國大百科全書出版社，1998 年，頁 169、170。蔡運章：《周初金文與武王定都洛邑——兼論武王伐紂的往返日程問題》，《甲骨金文與古史研究》，中州古籍出版社，1993 年，頁 277。

〔註 99〕劉起釪：《尚書校釋譯論》，中華書局，2005 年，頁 1463、1464。

灘秦地圖可分為《政區圖》（標縣、鄉、里治所等）、《地形圖》（標地形、河流走向等）和《經濟圖》（標森林分佈、木材種類等）。〔註 100〕湖南長沙馬王堆三號漢墓地圖畫在絲帛上，有《政區圖》、《駐軍圖》兩種。〔註 101〕在木板上作圖，取材較易。至於在大幅絲帛上作圖，也是周人已經具備的技術，西周帷、荒就是明證。《禮記・喪大記》：「飾棺：君龍帷、三池、振容、黼荒，火三列，黼三列。」鄭玄《注》：「荒，蒙也，在旁曰帷，在上曰荒，皆所以衣柳也。」山西絳縣橫水西周中期墓葬發現大片帷荒遺跡（見圖 4），上有穆王世銅器習見的大鳥形象，〔註 102〕可見周人已掌握在絲帛上繪畫複雜圖像的技術。

總之，西周已存在地圖，其中登記土田疆界四至的「土地之圖」，大概類似於放馬灘秦地圖中的《經濟圖》，〔註 103〕是西周土田管理的重要文書。

圖 4：山西絳縣橫水西周墓葬 M1 北面出土的帷荒遺跡〔註 104〕

〔註 100〕何雙全：《天水放馬灘秦墓出土地圖初探》，《文物》1989 年 2 期。

〔註 101〕傅舉有、陳松長：《馬王堆漢墓文物》，湖南出版社，1992 年，頁 151。

〔註 102〕山西省考古研究所等：《山西絳縣橫北西周墓發掘簡報》，《文物》2006 年 8 期。

〔註 103〕王連龍《〈逸周書〉源流及其所見經濟問題研究》（吉林大學 2005 年博士論文，頁 53）認為「春秋時期已經有了功用與今天經濟地理之學近似的圖籍著作」，其判定的時代比我們判定的時代稍晚。

〔註 104〕山西省考古研究所等：《山西絳縣橫北西周墓發掘簡報》，《文物》2006 年 8 期。

二、典

金文中有關「典」字的資料有如下六條：〔註 105〕

1. 井侯簋（《集成》8.4241）：「朕臣天子，用典王命，作周公彝。」

2. 格伯簋：「鑄寶簋，用**典**格伯田。」

3. 善夫克盨：「王令尹氏友史趛**典**善夫克田人。」

4. 六年琱生簋：「余以邑訊有司，余**典**勿敢封。」

「今余既一**名典**，獻伯氏。」

5. 叔尸鐘（《集成》1.275、285）：「尸典其先舊，及其高祖。」

6. 陳侯因資敦（《集成》9.4649）：「世萬子孫，永為典尚（常）。」

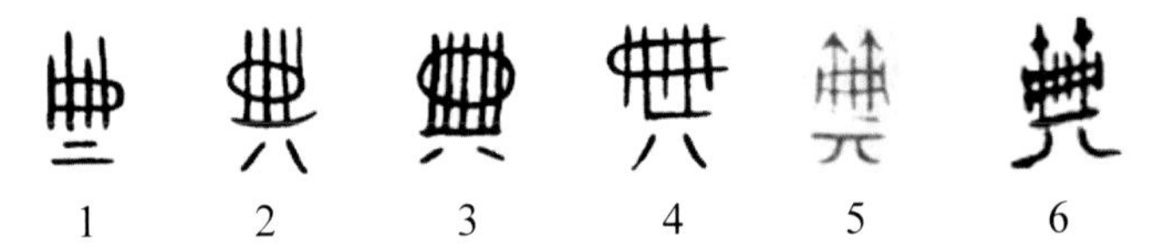

上引各例「典」字對應的金文字形〔註 106〕

例 1，楊樹達釋為「冊」，《廣雅・釋詁四》：「冊，書也。」〔註 107〕于省吾釋作「典」，訓為主，「主於王命而不易也」。〔註 108〕例 2，郭沫若訓為記錄、登錄。〔註 109〕例 3，郭沫若訓為冊授。〔註 110〕李學勤引日本白川靜觀點，認為例 2、3 都應該訓作登錄，史趛登錄善夫克所有的田和人，事與大克鼎所記周王賞賜善夫克土田臣妾有關。〔註 111〕例 4，林澐認為是記載土田數量、四至的文書；立約劑稱「典」（動詞），所立之約劑也稱「典」（名詞）。〔註 112〕例

〔註 105〕《集成》3.1358、10.4873、10.5010、10.5051、12.6393、16.10046 等器，以及寺子姜首盤、典兔尊（《新收殷周青銅器銘文暨器影彙編》頁 748、1104）中也有典字，均為姓名用字，所以不列入討論。參張世超、孫凌安等：《金文形義通解》，中文出版社，1996 年，頁 1081～1083。

〔註 106〕容庚：《金文編》，中華書局，1985 年，頁 308。例 5 採自《集成》，《金文編》未收。

〔註 107〕楊樹達：《積微居金文說》，《金文文獻集成》第 25 冊，頁 218。

〔註 108〕于省吾：《雙劍誃吉金文選》，《金文文獻集成》第 25 冊，頁 41。

〔註 109〕郭沫若：《兩周金文辭大系圖錄考釋》，《金文文獻集成》第 21 冊，頁 438。

〔註 110〕郭沫若：《兩周金文辭大系圖錄考釋》，《金文文獻集成》第 21 冊，頁 459。

〔註 111〕李學勤：《論克器的區分》，《夏商周年代學札記》，遼寧大學出版社，1999 年，頁 152。

〔註 112〕林澐：《琱生簋新釋》，《古文字研究》第 3 輯，中華書局，1980 年，頁 130。

5，郭沫若釋作「籅」，即典之繁文，訓作稽考，「所謂數典不忘祖也」。〔註 113〕例 6，「典常」為古書常訓。

今按，上述六例均為「典」字無疑。《說文．丌部》：「典，五帝之書也。從冊在丌上，尊閣之也。莊都說：典，大冊也。」可見典本為書冊，用作動詞則有記錄、職掌等義。《戰國策．楚策二》：「我典主東地。」鮑彪《注》：「典猶職。」《說文．耳部》：「職，記微也。」段玉裁《注》：「纖微必識是曰職。」〔註 114〕可見典、職均有記錄之義；典又訓鎮、主，當是從書冊、記錄（於書冊）引申而來；因此，例 1、2 均可訓作記錄。〔註 115〕例 3 的訓釋可參以下辭例：

7. 次卣：「公姞令次𤔲（司）**田人**。」

8. 柞鐘（《集成》1.138）：「𤔲（司）五邑**佃人**事。」

9. 季姬方尊：「君命宰茀賜𠂤季姬**畋臣**於空木，氒師夫曰丁，以氒友廿又五家。」

比對例 3、7、8 可知，例 3 典田人就是𤔲（司）田人，也就是管理田人。〔註 116〕「田人」與例 8「佃人」、例 9「畋臣」的構詞方式相似，〔註 117〕或以為佃人即典籍的「田畯」，〔註 118〕我們則傾向於「佃人」就是耕作的農人，不是職官。

例 4 之「典」，林澐訓為文書，可信。簋銘「僕庸土田」連稱，則「典」的內容應包括僕庸和土田，所以「典」、「名典」應該是名籍、圖籍一類文書。〔註 119〕西周存在名籍制度，茲試作申述。

〔註 113〕郭沫若：《兩周金文辭大系圖錄考釋》，《金文文獻集成》第 21 冊，頁 503。

〔註 114〕職從戠得聲，戠在古文中的用法參于省吾《釋戠》（《甲骨文字釋林》，中華書局，1979 年，頁 182～184）、裘錫圭《說甲骨卜辭中「戠」字的一種用法》（《古文字論集》，中華書局，1992 年，頁 111～116）。古文戠、職、誌、寺、待、等、典聲通，誌有記錄義。

〔註 115〕李皤《〈倗生簋〉「典」的交易性質》（《黑龍江教育學院學報》2008 年 10 月）認為「典」訓「主」，是指僅次於所有權的皮權的買賣。該文立說基於誤釋「格伯履」為「格伯夢」，非是。

〔註 116〕張世超、孫凌安等：《金文形義通解》，中文出版社，1996 年，頁 3437。

〔註 117〕李學勤：《季姬方尊研究》，《中國史研究》2003 年 4 期。

〔註 118〕張亞初、劉雨：《西周金文官制研究》，中華書局，1986 年，頁 52。

〔註 119〕連劭名《周生簋銘文所見史實考述》（《考古與文物》2000 年 6 期）認為「典」是簿記。琱生器「典」字的訓釋還有很多意見，參劉德浩《琱生三器研究》，華南師範大學 2009 年碩士學位論文，頁 42。

卜辭中常有徵集族眾三千、五千出征某方的記錄，〔註 120〕學者或據此認為商代已有名籍制度。〔註 121〕

西周的名籍制度，還可以從下列金文窺見一斑。

（一）俘獲敵人有確切記錄。

10. 小盂鼎（《集成》5.2839）：「俘人萬三千八十一人。」〔註 122〕

11. 敔簋：「執訊四十，奪俘人四百。」

12. 多友鼎：「執訊廿又三人。」

（二）臣僕賞賜、交易有確切計量單位，且有臣僕之名。

13. 大盂鼎：「賜汝邦𤔲四伯，人鬲自馭至於庶人六百又五十又九夫，賜夷𤔲王臣十又三伯，人鬲千又五十夫。」

14. 伯克壺（《集成》15.9725）：「伯大師賜伯克僕卅夫。」

15. 曶鼎：「受茲五〔夫〕：曰陪、曰恒、曰𦓤、曰䬸、曰眚。」「用眾一夫曰嗌，用臣曰疐、〔曰〕朏、曰奠。」

（三）設立專官管理臣妾、百工和商賈等人。

16. 頌鼎（《集成》5.2829）：「令汝官𤔲成周賈廿家。」

17. 公臣簋（《集成》8.4185）：「虢仲令公臣𤔲朕百工。」

18. 師𩛥簋（《集成》8.4311）：「𢆶（總）𤔲我西偏、東偏、僕馭百工、牧臣妾。」

19.師酉簋（《集成》8.4288）：「𤔲（嗣）乃祖，啻（嫡）官邑人、

〔註 120〕劉釗：《卜辭所見殷代的軍事活動》，《古文字研究》第 16 輯，中華書局，1989 年，頁 94。

〔註 121〕于省吾主編：《甲骨文字詁林》第 1 冊，中華書局，1999 年，頁 854。

〔註 122〕《左傳・襄公年二十五年》：「子美入，數俘而出。祝祓社，司徒致民，司馬致節，司空致地，乃還。」杜預《注》：「子美，子產也。但數其所獲人數，不將以歸。」楊伯峻《注》：「此鄭國之祝祓陳國之社，因軍入國，恐觸怒其國之鬼神，而祓除不祥。《史記・周本紀》敘武王斬紂之明日，『除道修社』亦此意。三司亦皆鄭官。陳自以為國已亡，鄭則收其人民、兵馬，並駐其土地而又歸之，示無所犯。故司徒致其民，司馬致其兵符，即復其指揮權，司空歸其地，而後旋師。」「數俘」也有統計之義，同年楚國蔿掩治賦，「數甲兵」，楊伯峻《注》：「數，計也，又閱也。即檢查計算。」這段文獻記載春秋中後期鄭國的三司職掌，以及對俘獲人員的處理辦法，可同小盂鼎記錄俘獲人數的情形比觀。

虎臣、西門夷、㚸夷、秦夷、京夷、[illegible]身夷。」

例 16 管理的「成周賈」有確切的數量，例 9、例 15 記錄了用於賞賜、交換的人的名字和確切數量；且臣僕可以賜人，無疑是重要的財富；因此，統計人口的名籍，與記錄財賄的帳簿差不多，〔註 123〕都是必備的文書檔案。

西周名籍制度也見於典籍。《國語．周語上》記仲山父勸諫宣王料民時說：

> 夫古者不料民而知其少多，**司民協孤終**，司商協民姓，司徒協旅，司寇協奸，牧協職，工協革，場協入，廩協出，是則少多、死生、出入、往來者皆可知也。

韋昭《注》：「司民，掌登萬民之數，自生齒已上皆書於版。協，合也。無父曰孤。終，死也。合其名籍，以登于王也。」《周禮．秋官》有司民，職掌與《周語》所述相似。又《小司寇》：「及大比，登民數，自生齒以上，登於天府。內史、司會、冢宰貳之，以制國用。」鄭玄《注》：「人數定而九賦可知，國用乃可制耳。」可見，人口統計關係到王室收入，登錄人口的名籍必須獻給周王。

西周存在名籍制度，還留下了人口數據。《帝王世紀》：「及周公相成王，致治刑錯，民口千三百七十一萬四千九百二十三人，多禹十六萬一千人，周之極盛也。」〔註 124〕或以為是「周初人民之大數」。〔註 125〕龐卓恒根據古代人口自然增長率受較低的產品剩餘率約束這一規律，利用逆推法測算出西周盛世人口約一千萬，並認為上引《帝王世紀》所存西周人口數有存疑參考價值。〔註 126〕

官府還設有專官管理名籍。據《左傳》、《周禮》，盟府、天府等負責收藏典冊；晉國孫伯黶曾掌管典籍，其後代遂稱籍氏。

由此看來，六年琱生簋的「典」、「名典」當即傳世文獻的名籍或圖籍，西周已存在名籍制度。

綜上所述，傳世文獻中名籍和地圖合稱「版圖」，金文則稱圖、典，是極

〔註 123〕《史記．周本紀》有「分殷之器物」，詳記賞賜物品的種類、數量。

〔註 124〕〔晉〕皇甫謐，陸吉點校：《帝王世紀》，載《二十五別史》，齊魯書社，2000 年，頁 65。

〔註 125〕〔清〕孫詒讓：《周禮正義》第 3 冊，中華書局，1987 年，頁 689。

〔註 126〕龐卓恒：《關於西周的勞動生產方式、生產率和人口估測》，《天津師大學報》（社科版）1998 年 5 期。

為重要的國家檔案，可能藏於周王宗廟的「圖室」；〔註 127〕在土田賞賜、轉讓等事件中，圖、典都是必備的文書。

第三節　金文土田爭訟考論

《史記．周本記》載虞、芮之人入周請西伯決獄，〔註 128〕結果發現周人盛行禮讓之風，於是心生愧意而放棄相互爭奪的土地。《詩．大雅．綿》：「虞芮質厥成，文王蹶厥生。」文王決獄因詩人的傳唱而影響深遠。周國及西周後來被儒家描繪成盜賊不作、外戶不閉的大同社會，〔註 129〕令人嚮往。

但是，據金文分析，西周已是充滿利益鬥爭的社會；儒家盛譽三代，不過是表達一種政治理想罷了。〔註 130〕耕者讓畔的習俗在金文中找不到一絲蹤影，反倒是有關土田爭訟的事件，卻有幾例清楚的記載。為方便檢索，茲列表如下：

附表二：金文土田爭訟解析表〔註 131〕

序號	器名	時代	當事人甲	當事人乙	聽訟人
1	曶鼎	懿	曶	匡	東宮
2	𢿪比鼎、簋	厲	𢿪比	攸衛牧	厲王
3	琱生三器	宣	琱生	召伯虎	未詳

〔註 127〕無叀鼎（《集成》5.2814）：「王各于周廟，述于圖室。」

〔註 128〕典籍記載芮國地望在陝西大荔或山西平陸境內。2005 年以來，陝西韓城縣梁帶村發現一處範圍很大的西周墓地，出土銅器鑄有「芮公」、「芮太子」等銘文，墓地時代從西周晚期延續到春秋早期，可見兩周之際芮國曾活動於韓城一帶。參陝西省考古研究院商周考古研究部：《陝西夏商周考古發現與研究》，《考古與文物》2008 年 6 期。〔清〕顧炎武著，黃汝成《集釋》，秦克誠點校：《日知錄．虞仲》，嶽麓書社，1994 年，頁 248。虞國在武王時滅亡，周章之弟封於其故墟。

〔註 129〕《禮記．禮運》：「盜竊亂賊而不作，故外戶而不閉，是謂大同。」

〔註 130〕代繼華《中國古代史學家對歷史變化的認識》（《重慶師院學報》（哲社版）1997 年 1 期）指出：「部份史學家把『三皇五帝』的遠古時代看成是中國歷史上盡善盡美的黃金時代，以後一代不如一代，這是關於社會歷史進程倒退的悲觀論調。」值得參看。

〔註 131〕五祀衛鼎是否為土田爭訟，學界有爭議，本文從李學勤《試論董家村青銅器群》（《文物》1976 年 6 期）說，認為是和平交易。

一、爭訟當事人身份

上表前兩例當事人的身份本文第三章已作討論，這裏再將他們的身份信息簡錄如下：

第一例，曶鼎

當事人甲：曶。繼承祖業管理占卜，可能是王朝的大卜。〔註 132〕

當事人乙：匡。貴族，名下至少有二十個「臣」，一個「眾」。

第二例，𩰫比鼎、簋

當事人甲：𩰫比。𩰫比可能是厲王寵臣，其家族是商代遺民。〔註 133〕

當事人乙：攸衛牧。攸地采邑主。

第三例，琱生三器

當事人甲：琱生。

當事人乙：召伯虎。

琱生，召公後裔，琱氏婦女所生之子。〔註 134〕關於琱生的器物還有以下兩例：

1. 師𠭰簋（《集成》8.4324、4325）：王在周，各于大室，即位，宰琱生入佑師𠭰。

2. 琱生鬲（《集成》3.744）：琱生作文考宄仲尊鬲。

例 1 琱生在周王冊命「師𠭰」的冊命禮中充當儐佑，可見其地位尊崇。

召伯虎，典籍稱作「召虎」、「召伯」、「邵公」等，見於以下典籍：〔註 135〕

1. 《詩．大雅．江漢》：「王命召虎，式辟四方，徹我疆土……錫山土田。」鄭玄《箋》：「召公，召穆公也，名虎。」

2. 《詩．大雅．崧高》：「王命召伯，定申伯之宅。」毛《傳》：「召伯，召公也。」

3. 《周語．國語上》：「厲王虐，國人謗王。邵公告曰：『民不

〔註 132〕見本文第三章第一節。

〔註 133〕見本文第三章第一節。

〔註 134〕張亞初：《兩周銘文所見某生考》，《金文文獻集成》第 40 冊，頁 256、257。林澐：《琱生簋新釋》，《古文字研究》第 3 輯，中華書局，1980 年，頁 124。

〔註 135〕琱生器的召伯虎是否為典籍中的召虎，學者有爭議。今從召伯虎即召虎說，詳本文第一章。

堪命矣！』」韋昭《注》：「邵公，邵康公之孫穆公虎也，為王卿士。」

可見，召伯虎是晚周重臣，周王曾賞給他大量土田。

琱生三器中，最初是召伯虎的母親召姜代表其夫「君氏」和琱生交涉，不久召姜夫婦去世，〔註 136〕多數場合是召伯虎代表其父母與琱生交涉。為行文方便，我們直接把召伯虎當成琱生的對立方。林澐曾作琱生器人物關係圖，茲錄如下：

召公 → 召幽伯（君氏）→ 召伯虎
　　　 幽姜（婦氏）
　　 → 寬仲 ⟶ 琱生
　　　 （琱妘）

琱生被稱作「伯氏」，和召幽伯的輩分關係還不能確定。〔註 137〕召伯虎之父為琱生宗君，爭訟雙方均為召公後裔。王輝則認為召伯虎是琱生之兄，是大宗嫡長子，君氏法定繼承人。琱生是小宗嫡長子。〔註 138〕

從上述事例來看，土田爭訟的當事人都是高級貴族。

二、聽訟人

本文所涉三例土田爭訟事件的聽訟人，第一例為東宮，第二例為周厲王，第三例有協商、有「獄」，但聽訟人無法詳考。

首先，討論曶鼎的「東宮」。金文中含「東宮」字樣的銘文有：

1. 東宮方鼎（《集成》3.1484）：「東宮。」

2. 鼓罍簋（《集成》7.4047）：「王令東宮追以六師之年。」

3. 效尊、卣（《集成》10.5433、11.6009）：「王觀於嘗公東宮。納饗於王，王賜公貝五十朋。公賜厥涉（世）子效王休貝廿朋，〔註 139〕效對公休。」

4. 曶鼎：「以匡季告東宮，東宮迺曰……曶或以匡季告東宮。」

〔註 136〕六年琱生簋銘已稱君氏、召姜為「幽伯」、「幽姜」，林澐《琱生簋新釋》（《古文字研究》第 3 輯，中華書局，1980 年）認為其人已經去世。可從。

〔註 137〕林澐：《琱生三器新釋》，復旦大學出土文獻與古文字研究中心網站，2007 年 12 月 21 日。

〔註 138〕王輝：《琱生三器考釋》，《考古學報》2008 年 1 期。

〔註 139〕釋「涉」，讀為「世」，參楊樹達《積微居金文說．效卣跋》（《金文文獻集成》第 25 冊，頁 217）。

柯昌濟指出，曶鼎東宮可能是太子東宮。〔註140〕

于省吾據《詩・碩人》認為曶鼎東宮即太子。〔註141〕

譚戒甫認為，曶鼎東宮當是王族的最親貴者，效卣「公東宮」可能是王的兄弟行。〔註142〕

吳鎮烽認為，例1、2的東宮為一人，活動於西周早期後段；例3的東宮為西周中期前段人。〔註143〕

陳夢家認為，例3的東宮有四種解釋：其一，據方濬益說，嘗為地名，「公東宮」類似於「公大保」(引者按，旅鼎《集成》5.2728)、「東宮」(曶鼎)，是官名；其二，與嘗公並列，東宮為另外一人的姓氏或官名；其三，嘗為東宮的封邑，「內饗于王」省略主語；其四，嘗公之東宮（宮室）。〔註144〕

張亞初等認為，東宮可能是指居住在東宮的某種職官。〔註145〕

按，金文中還有南宮、西宮：

5. 叔䞣作南宮鼎（《集成》4.2342)：「叔䞣肇作南宮寶尊。」

6. 伯作南宮簋（《集成》6.3499)：「伯作南宮簋。」

7. 伯惑簋(《集成》7.4115)：「伯惑肇其作西宮寶，惟用綏神。」

8. 虢叔簋蓋（《集成》8.4130)：「虢叔微稟于西宮。」

9. 高卣（《集成》10.5431)：「王飲西宮。」

早期典籍中有東、南、西、北宮之名。《逸周書・本典》記成王在東宮與周公對話，是武成時期已有東宮。《左傳・僖公二十年》：「西宮災。」楊伯峻《注》以為，諸侯有東宮、西宮、北宮，西宮也是君臣治事之所。《儀禮・喪服》：「子不私其父，則不成為子。故有東宮，有西宮，有南宮，有北宮，異居而同財。」

世子居東宮。《詩・風・碩人》：「齊侯之子，衛侯之妻，東宮之妹。」《左傳・隱公三年》：「衛莊公娶于齊東宮得臣之妹，曰莊姜，美而無子，衛人所為賦《碩人》也。」楊伯峻《注》：「東宮，太子所居，故名太子曰東宮。得臣，齊莊公之太子。」孫詒讓說：「世子居東宮，群王子則居西南北三宮，與王及

〔註140〕柯昌濟：《韡華閣集古錄跋尾》，《金文文獻集成》第25冊，頁133。

〔註141〕于省吾：《雙劍誃吉金文選》，《金文文獻集成》第25冊，頁35。

〔註142〕譚戒甫：《西周「舀」器銘文綜合研究》，《金文文獻集成》第28冊，頁436。

〔註143〕吳鎮烽：《金文人名彙編》(修訂本)，中華書局，2006年，頁191。

〔註144〕《斷代》，頁121。

〔註145〕張亞初、劉雨：《西周金文官制研究》，中華書局，1986年，頁48。

后所居南北宮異。」〔註146〕上古音世為書母月部字，大、太古本一字分化，為舌音月部字，三字同韻，聲母俱為舌音，音近相通。《左傳・僖公十年》：「晉侯改葬共大子。」《禮記・檀弓》、《漢書・五行志》引述此事皆作「恭世子」。《周禮・考工記・匠人》：「夏后氏世室。」《初學記・禮部上》引文「世」作「太」。即其例。因此，世子即太子。

例2王命東宮率領六師出征，當即太子率軍出征。〔註147〕

例3的「東宮」，當以陳夢家的第四種解釋為優。其一，夨令彝（《集成》16.9901）有「令夨告於周公宮」，周公宮、嘗公東宮的語法結構相似。其二，效器「觀於嘗公東宮」與《左傳・成公九年》「晉侯觀於軍府」辭例相似。

由此看來，曶鼎的「東宮」應該是指周太子。

其次，討論西周訴訟的屬地管轄、專屬管轄原則。西周很多貴族都有聽訟權，其所在器銘有「罰訟」、「訊訟罰」、「司寇」等字樣，相關西周器銘有：

1. 大盂鼎：「盂，廼召夾死𤔲戎，敏諫罰訟。」〔註148〕

2. 𠑇匜（《集成》16.10285）：「今大赦汝，鞭汝五百，罰汝三百鋝，伯揚父乃或使牧牛誓。」〔註149〕

3. 南季鼎（《集成》5.2781）：「用左右俗父𤔲寇。」〔註150〕

4. 揚簋：「揚，作𤔲工，官𤔲糧田佃，眔𤔲宏，眔𤔲芻，眔𤔲寇，眔𤔲工司（按，另一銘拓「司」作「史」，司、史皆當讀為「事」〔註151〕）。賜汝赤𢁒市，鑾旂，訊訟，取徵五鋝。」

5. 𤔲寇良父壺（《集成》15.9641）：「𤔲寇良父作為衛姬壺。」

6. 虞𤔲寇壺（《集成》15.9694、9695）：「虞𤔲寇伯吹作寶壺。」

〔註146〕〔清〕孫詒讓：《周禮正義》第11冊，中華書局，1987年，頁513。

〔註147〕《國語・楚語上》：「故唯東宮與西廣寔來。」韋昭《注》：「東宮、西廣，楚軍營名。」此軍營以「東宮」為名，也可能與王太子有關。

〔註148〕〔清〕孫詒讓讀諫為速，認為敏、速略同（《古籀餘論》，《金文文獻集成》第13冊，頁115）。

〔註149〕1975年，𠑇匜與裘衛諸器同出於陝西岐山董家村，陳公柔《西周金文中的法制文書述例》（《容庚先生百年誕辰紀念文集》，廣東人民出版社1998年，頁318）認為𠑇匜年代稍早於孝王世。

〔註150〕「南」字有殘損，或釋「庚」、「爾」，今從舊說暫隸作「南」。

〔註151〕裘錫圭：《西周糧田考》，原載張永山主編《胡厚宣先生紀念文集》，科學出版社，1999年。修訂版轉載於復旦大學出土文獻研究中心網站。

7. 䚄簋：「更乃祖服，作冢𤔲馬，汝迺諫訊又𢍰，取徵十鋝。」〔註 152〕

8. 趞簋（《集成》8.4266）：「趞，命汝作豳師冢𤔲馬，啻（嫡）官僕、射、士，訊小大又鄰，取徵五鋝。」

9. 𧻚簋：「令邑于奠，訊訟，取徵五鋝。」

10. 𪓐簋（《集成》8.4215）：「𪓐，令汝𤔲成周里人，眔諸侯、大亞，訊訟罰，取徵五鋝。」

11. 牧簋（《集成》8.4343）：「牧，昔先王既令汝作𤔲士……牧，汝毋敢弗帥先王作明井（型），用雩乃訊庶又𢍰，毋敢不明不中不井（型）。」

12. 四十三年逑鼎：「雩乃訊庶又𢍰，毋敢不中不井（型）。」

上述例 4、7～10 中的「取徵若干鋝」還見於別的銘文，但因「徵」的釋讀及其性質爭議較大，其他包含「取徵」卻無「訊訟」字樣的銘文均未列出。〔註 153〕例 4、9、10 中「訊」與「訟」或「訟罰」連言，可見「訊」與獄訟密切相關。例 7、8、11、12 的「訊××𢍰」顯然性質相同，例 11、12「訊××𢍰」後又強調「中」和「型」，可以斷定「訊××又𢍰」為聽訟之事。〔註 154〕總之，上述材料都是研究西周法制的可靠材料，茲擇要分述如下：

例 1 是周康王二十三年，周天子封賜盂土地人民，並授予司法權。這是西周金文中有關「罰訟」的最早記錄。可見即使在所謂「天下安寧」的康王

〔註 152〕王冠英：《䚄簋考釋》，《中國歷史文物》2006 年 3 期。

〔註 153〕「取徵若干寽」的性質，朱鳳瀚《西周金文中的「取徵」與相關諸問題》（《古文字與古代史》第 1 輯，臺灣中央研究院歷史語言研究所，2007 年，頁 199）有詳論，可參。此外，蔡簋（《集成》8.4340）、𤼈盨（《集成》9.4469）也有不要縱獄之類的話，但只存摹本，字跡又偽訛嚴重；師旂鼎（《集成》5.2809）事涉軍律，比較特殊；毛公鼎（《集成》5.2841）也有「又𢍰」字樣，字跡殘損；以上銘文皆未列出，特此說明。

〔註 154〕金文「訊××又𢍰」中「又𢍰」的釋讀迄無定說。李學勤讀「有嫌」（《中國古代文明研究》，華東師範大學出版社，2005 年，頁 147）。王冠英《䚄簋考釋》（《中國歷史文物》2006 年 3 期）讀為「有吝」，指有貪吝罪行或阻難禮法政策施行的人。張世超、孫凌安等《金文形義通解》（中文出版社，1996 年，頁 2442）引郭沫若說，解為「職官名」。諸家集釋參高玉平：《2003 年眉縣楊家村出土窖藏青銅器銘文考述》，2007 年安徽大學碩士學位論文，頁 52。

世，處理爭訟依然是重要的政務。與例 1 相似，例 9 的㫃為采邑主，周王賜采的同時，也授予他聽訟權。

例 2 反映了西周中期的刑罰實況。

例 3 是目前金文中關於「司寇」的最早記錄。〔註 155〕例 4 揚為司空，下轄司寇、司芻、司位等眾多官員，同時掌管訊獄；司寇受司空管轄，地位不高。〔註 156〕或以為例 3、4 的「司寇」是動詞短語，即主管寇盜之事；作此理解，則例 4 的揚身為司空，並管寇盜之事，司寇非其下屬。〔註 157〕例 5、6 為西周晚期材料，例 6 表明諸侯國設司寇職。《國語・周語上》:「土不備墾，辟在司寇」。韋昭《注》:「辟，罪也。在司寇，司寇行其罪也。」又《周語中》:「司寇詰奸。」韋昭《注》:「禁詰奸盜。」又《晉語六》:「今吾司寇之刀鋸日弊。」韋昭《注》:「刀鋸，小人之刑。」從這幾條材料看，司寇主管治安和行刑。馮卓慧認為司寇主刑，同時掌管民訟。〔註 158〕陳絜則認為，兩周之際，司寇主要負責鎮壓下層暴民、緝捕寇盜、維護社會治安，並不管理貴族間的獄訟糾紛；西周金文司寇的職掌同《周禮》司寇相去甚遠。〔註 159〕

例 7、8 的冢司馬即大司馬，按典籍司馬掌軍政，金文記其訊「有粦」，這是司馬也管獄訟的明證。

例 10 的「里人」即里君(《集成》11.6016、16.9901)、里宰、司里，是邑里之長。〔註 160〕《周禮・地官・敘官》:「里宰，每里下士一人。」又《里宰》記其職掌邑落人眾、六畜、兵器、農業生產和徵斂財賦。《國語・周語下》:「司里不授館。」韋昭《注》:「司里，里宰也，掌授客館。」又《魯語上》:

〔註 155〕例 3 銘中「俗父」又稱「伯俗父」，還見於師永盂，所以南季鼎當在恭、懿時期。

〔註 156〕張亞初、劉雨:《西周金文官制研究》，中華書局，1986 年，頁 25。同書(頁 23)又說揚簋銘的司寇可能是《周禮》所謂的「官聯」，而非司空兼司寇。

〔註 157〕陳絜、李晶:《㚖季鼎、揚簋與西周法制、官制研究中的相關問題》，《南開學報》(哲社版)2007 年 2 期。按，陳、李之說似忽略了揚簋銘兩拓之「司工司」與「司工史」的聯繫，從而影響了其說的可信度。

〔註 158〕馮卓慧、胡留元:《西周金文中的司寇及其官司機構》，《金文文獻集成》第 40 冊，頁 219。

〔註 159〕張亞初、劉雨:《西周金文官制研究》，中華書局，1986 年，頁 25。

〔註 160〕張亞初、劉雨:《西周金文官制研究》，中華書局，1986 年，頁 50。趙世超《周代國野制度研究》(陝西人民出版社，1991 年，頁 76)認為，西周的里規模很大，與州、鄉、黨之下的基層組織裏的意義不同。

「唯里人所命次。」韋昭《注》:「里人，里宰也。有罪去位，則當受舍於里宰。」《韓非子・說林上》記溫人到周，謊稱為周人；周人以「巷人」問之，戳穿其謊言，並囚禁之。《漢書・食貨志》:「春，將出民，里胥平旦坐於右塾。」孟康曰:「里胥，如今里吏也。」可見，里巷是基層治理單位，里宰雖然身份不高，卻非常重要。里宰既負責為朝覲周王的諸侯「授館」，所以𪓊主管成周里宰，還兼及諸侯、大亞，並掌管訴訟。從𪓊只「取徵五鋝」看，其身份不會太高，但其職位顯然非常重要。

例 11「司士」與文獻中的獄官「士」比較接近。〔註 161〕

以上是對西周金文獄訟資料的扼要介紹，參考這些資料，《周禮・大司徒》中有一段描述「聽訟人」情況的話值得注意。這段話是：

> 以五禮防萬民之偽而教之中，以六樂防萬民之情，而教之和。凡萬民之不服教而有獄訟者，與**有地治者**聽而斷之，其附於刑者，歸於士。

鄭司農云:「與其地部界所屬吏共聽斷之。」鄭玄《注》:「爭罪曰獄，爭財曰訟。有地治者，謂鄉州及治都鄙者也。」孫詒讓《正義》:「然經凡獄訟對文者，獄大而訟小也。『鄭』謂以爭罪爭財為異，似非經義。獄訟散文亦通……『鄭』意此云有地治者，猶《遂大夫》云屬其地治者，亦猶《蜡氏》云有地之官。在六鄉則為鄉州之吏，在采地則為都鄙之吏，此皆有聽獄訟之事，故《鄉師》云『各掌其所治鄉之教而聽其治』，又云『聽其獄訟』是也。」〔註 162〕

按，上引經文及各家疏注所云，即某一地區的主政官員管理其治下的訴訟事務，可簡稱為訴訟的屬地管轄原則，證之以例 1、9、10，西周已確立訴訟的屬地管轄原則。再從例 4 揚作司空和例 7、8䙵、趞作冢司馬而聽訟的情況來看，西周獄訟似在屬地管轄原則下，還實行專屬管轄，即得到訊訟權冊命的貴族，兼管各自政務、軍務僚屬及所轄庶民的訴訟事務。

曶鼎銘所記訴訟案例是專屬管轄原則的實證。曶鼎銘共分三段，第一段記周王冊封曶，而井叔負責將周王的賞賜物頒發給曶。大量的西周冊命金文顯示，冊命禮中儐者與受命者職務之間有一定的統屬關係，即儐者往往是受命者的上級長官，〔註 163〕井叔當是曶的上級官長。曶鼎第二段銘文記曶與他

〔註 161〕張亞初、劉雨:《西周金文官制研究》，中華書局，1986 年，頁 38、39。
〔註 162〕〔清〕孫詒讓:《周禮正義》第 3 冊，中華書局，1987 年，頁 762、763。
〔註 163〕陳漢平《西周冊命制度研究》(學林出版社，1986 年，頁 110) 引李學勤說。

人為了「五夫」的歸屬權而發生爭訟，聽訟人正好是井叔。曶鼎第三段銘文記曶要求匡季賠償寇禾損失。這次的聽訟人是東宮，即周太子，其地位當比井叔高。寇禾事件性質惡劣，且涉案物之價值遠超案例二之「五夫」。大概是因為這個緣故，曶向太子起訴匡季。

最後，討論西周的理訟系統。馮卓慧、胡留元在論及西周的司法機構時曾說：

> 人們撰寫法律制度史，視《周禮》為西周作品者，便繪製一幅《周禮．秋官》縮小圖；反之，則以不可知說一語煞筆，避而不談司法機構。〔註 164〕

針對這種情況，馮、胡兩位學者利用金文中有關「司寇」的資料切入，結合《周禮》等典籍繪製了西周司法機構圖（見下圖 5），並總結出西周司法組織的三個特點：第一，民刑有分。三有司（司徒、司馬、司空）主民事，司寇主刑事。第二，設官分職頗為嚴密。第三，行政干預司法，影響了中國古代司法組織建制的正常發展。〔註 165〕

另外一些學者的意見則同馮、胡二人相反，陳公柔就曾指出：「西周無專任司法官吏，而多以王廷重臣或領主、頭人司之；當時既無法律科條，也沒有專任訊訟的衙署。」〔註 166〕還有學者詳細辨析含有「司寇」的金文資料，指出西周司寇掌管刑事訴訟的觀點根本無法成立。〔註 167〕

〔註 164〕馮卓慧、胡留元：《西周金文中的司寇及其官司機構》，《金文文獻集成》第 40 冊，頁 219。

〔註 165〕同注 3，頁 221。

〔註 166〕陳公柔：《西周金文中的法制文書述例》，《容庚先生百年誕辰紀念文集》，廣東人民出版社，1998 年，頁 307。張亞初、劉雨《西周金文官制研究》（中華書局，1986 年，頁 39）說，西周刑訊獄訟無專官管理。

〔註 167〕陳絜、李晶：《𡚬季鼎、揚簋與西周法制、官制研究中的相關問題》，《南開學報》（哲社版）2007 年 2 期。

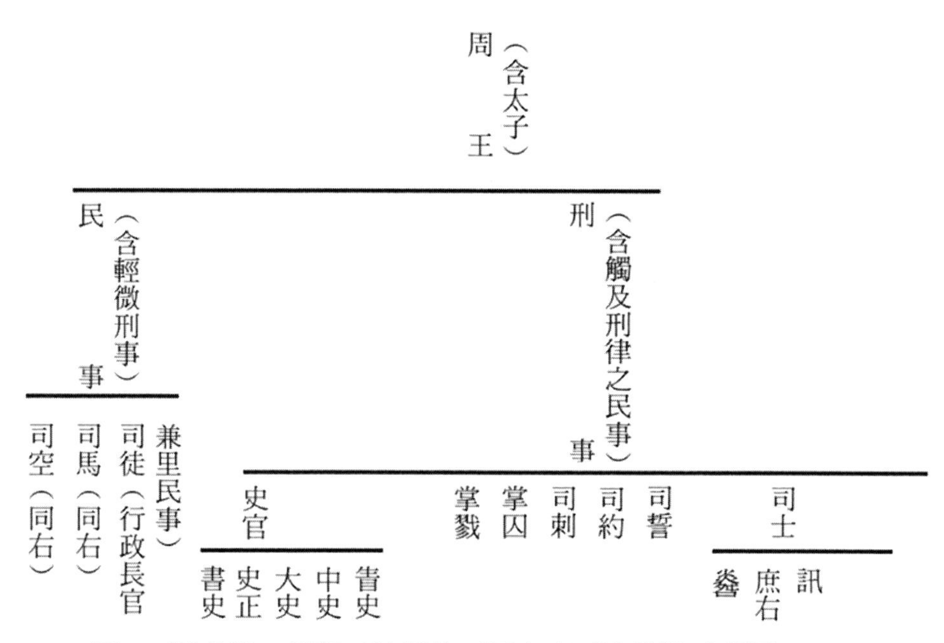

圖 5：馮卓慧、胡留元繪製的西周金文司法機構示意圖〔註 168〕

今按，據郭店簡引用古書篇目，《尚書》有較高的可信度；據《尚書》，則西周已有專門的司法官吏——司寇；又據金文，西周確實存在政務官處理獄訟的現象，這些人事實上構成西周的理訟系統；西周已有成文的刑律。根據目前能見到的零星的西周法制史料，以及前舉訴訟的屬地管轄原則和專屬管轄原則，我們大致可以拼綴出西周的理訟系統。除前引金文，再將有關西周法制史料選錄如下：

1. 《書．立政》：「司寇蘇公，式敬爾由獄，以長我王國，茲式有慎，以列用中罰。」孫星衍《注疏》：「言司寇蘇公之法用，敬汝用獄，以長我王國之祚，此用有慎，以其等比用平罰也。」

2. 《書．康誥》：「乃其速由。文王作罰，刑茲無赦。」偽《孔傳》：「言當速用文王所作違教之罰刑此亂五常者，無得赦。」

3. 郭店簡《成之聞之》第 38、39 簡：「《康誥》曰『不還大暊，文王作罰，型（刑）茲亡憖（赦）』。」〔註 169〕

4. 《書．呂刑》：「一人有慶，兆民賴之。」又「明啟刑書，胥

〔註 168〕馮卓慧、胡留元：《西周金文中的司寇及其官司機構》，《金文文獻集成》第 40 冊，頁 221。

〔註 169〕荊門市博物館：《郭店楚墓竹簡》，文物出版社，1998 年，頁 168。

占，咸庶中正，其刑其罰，其審克之」孫星衍《注疏》:「言當明視刑書，相與占度比附之，皆庶幾合於中正，其刑其罰，其詳覈之。

5. 郭店簡《緇衣》第 13 簡 :「《呂刑》云 :『一人有慶，萬民賴之。』」〔註 170〕

6.《史記·周本紀》:「諸侯有不睦者，甫侯言于王，作修刑辟。」

7.《史記·燕世家》:「召公巡行鄉邑，有棠樹，決獄政事其下，自侯伯至庶人各得其所，無失職者。召公卒，而民人思召公之政，懷棠樹不敢伐，哥詠之，作《甘棠》之詩。」

上述七條材料可分為四組。例 1 表明西周早期有司寇，職掌刑獄。《左傳·定公四年》:「康叔為司寇。」再從《康誥》告誡康叔要明德慎罰來看，即使康叔無司寇之名，也有理獄之實。

例 2、3 可以互證。「文王作罰」表明先周時期已經制定了刑律。

例 4、5、6 可以互證。據劉起釪研究，《呂刑》或稱《甫刑》，在先秦文獻中引用了十六次，是姜姓諸侯呂王的作品，呂王見於西周銅器；呂王將苗民的五虐之刑逐項改造成祥善之刑，「成了我國最古最早的完備載出刑法體系的篇章」;《呂刑》與周穆王無關。〔註 171〕按，「呂王」見於西周晚期銅器，銘文如下：

呂王鬲（《集成》635）:「呂王作尊鬲，子子孫孫永寶用享。」

呂王壺（《集成》9630）:「呂王造作內（芮）姬尊壺，其永寶用享。」

最近的研究顯示，呂王其實是「盧戎之王」，曾活動於陝西安康到湖北竹山一帶，與姜姓呂國無關。〔註 172〕因此，劉說引金文「呂王」證明《呂刑》是姜姓呂王作品恐不可信，《呂刑》來源還是依史遷舊說為妥。該篇言「明視刑書」，可見西周有成文的刑律。𠑇匜（《集成》16.10285）:「我義（宜）鞭汝千。」「義（宜）」字反映出西周刑罰當有成規可循。文王作罰，穆王修刑，𠑇匜刑罰有成規，合而觀之，則西周當有刑罰科條。〔註 173〕

〔註 170〕荊門市博物館 :《郭店楚墓竹簡》，文物出版社，1998 年，頁 129。

〔註 171〕劉起釪 :《尚書校釋譯論》，中華書局，2005 年，頁 1902、2083、2092～2094。

〔註 172〕李學勤 :《試說青銅器銘文的呂王》，《文博》2010 年 2 期。

〔註 173〕或據《左傳·昭公二十九年》晉國鑄刑鼎記范宣子刑書一事認為，成文法典在春秋時期才誕生。恐非。

例 7 記召公決獄。其中「自侯伯至庶人各得其所」一句似表明，庶人也有訴訟權。西周有「庶人」之稱，見於大盂鼎。徐錫臺認為庶人即眾人。〔註 174〕王玉哲認為庶人是社會上經濟財富的主要生產勞動者。〔註 175〕《國語・周語上》：「百工諫，庶人傳語。」韋昭《注》：「庶人卑賤，見時得失不得達，傳以語王也。」則西周庶人已有相當的社會意識，完全有可能提起訴訟。〔註 176〕上博四《曹沫之陣》第 34 簡：「佖（匹）夫（寡）婦之獄訟，君必身聖（聽）之。」〔註 177〕《左傳・莊公十年》：「公曰：『小大之獄，雖不能察，必以情。』」莊公時代（前 693～前 662）距西周只有幾十年，其時有「匹夫寡婦」提起訴訟，則西周應當也有類似的情況。

總之，西周時期，周天子、周太子、采邑主、諸侯、王朝及諸侯之司馬、司空等卿士，都要處理爭訟事務，他們事實上構成西周的理訟系統。若以後世高度分工的情形對比西周，則會認為當時「行政干預司法」，是落後的表現；但在當時的社會條件下，政務官理訟應當是無可厚非的；各級長官處理本系統內的爭訟事務，熟悉情況，可能更易使判決結果為爭訟雙方所接受。西周與後世一樣，存在大量的爭訟事務，庶人、貴族都有爭訟；周人讓畔的現象，可能有更深層的制度原因，不能單純以「禮讓」視之。

三、土田爭訟事由及訴訟請求

第一例，災荒年月，匡季屬民偷走曶的禾十秭。曶要求匡賠償損失。

〔註 174〕徐錫臺：《周原甲骨文綜述》，三秦出版社，1987 年，頁 86。徐氏認為，周原甲骨的「庶蠻」即《春秋會要》中的「群蠻」，可信。

〔註 175〕王玉哲：《西周春秋時的「民」的身份問題——兼論西周春秋時的社會性質》，《古史集林》，中華書局，2002 年，頁 108、113。王玉哲說：「西周春秋的『民』是社會上經濟財富的主要生產勞動者，當然也是社會性質的主要決定力量。現在已證明這些主要生產勞動者不是奴隸，也不是東方型奴隸社會的村社成員。從當時的土地所有制、生產者的身份和勞動條件上看，他們確係初期封建社會的農民。」

〔註 176〕趙世超《周代國野制度研究》（陝西人民出版社，1991 年，頁 131 及頁 135 注〔77〕）說：「大部份野人除受國中貴族的奴役之外，在本公社內，也完全處於家長專制父權的支配之下，加之生產不能獨立，個人便淹沒在家族中，而不是遊離於家族外，人格已經被泯滅。」斷言庶人的人格被泯滅，似可商。西周師旂鼎（《集成》5.2809）開篇就說：「師旂眾、僕不從王征于方雷。」可見眾、僕也有人格和意志。

〔註 177〕馬承源主編：《上海博物館藏戰國楚竹書（四）》，上海古籍出版社，2004 年，頁 265。

第二例，周王將攸衛牧之攸地分給䣄比，攸衛牧拒付田邑。䣄比要求攸衛牧交付田邑。

第三例，琱生器中涉及爭訟起因、和解方案等問題的關鍵銘文，學者意見分歧較大。現將相關銘文摘錄如下：

1. **五年琱生簋**：「余老止，公僕庸土田多[illegible]。弋伯氏從許。公宕其叁，汝則宕其貳；公宕其貳，汝則宕其一。」

2. **五年琱生尊**：「余老之，我僕庸土田多[illegible]。弋許，勿使**散亡**。余宕其叁，汝宕其貳。」

3. **六年琱生簋**：「公厥稟貝用獄，[illegible]為伯有底有成。」

上引銘文中[illegible]、[illegible]的釋讀爭議最大，從字形結構和它們在銘文中的位置判斷，二字顯然通用。[illegible]字的隸釋主要有四種意見：

第一，隸「枱」。〔註178〕

第二，隸「誅」。〔註179〕

第三，隸「諫」。〔註180〕在此基礎上又有大致四類共九種訓釋意見：其一，治獄訊鞫的通稱或「多言」；〔註181〕其二，與「訟」字相當；〔註182〕其三，偵查、探候。〔註183〕其四，怨責；〔註184〕其五，積欠；〔註185〕其六，索取。〔註186〕其七，貢賦；〔註187〕其八，族田出產的大批糧食。〔註188〕其九，地契、戶冊之類的文書。〔註189〕

〔註178〕〔清〕阮元：《積古齋鐘鼎彝器款識》，《金文文獻集成》第10冊，頁154。

〔註179〕〔清〕劉心源：《古文審》，《金文文獻集成》第11冊，頁486。

〔註180〕〔清〕孫詒讓：《古籀餘論·召伯虎敦（第二器）》，《金文文獻集成》第13冊，頁104。

〔註181〕〔清〕孫詒讓：《古籀餘論·召伯虎敦（第二器）》，《金文文獻集成》第13冊，頁104。

〔註182〕朱鳳瀚：《琱生簋銘新探》，《中華文史論叢》1989年1期，總第50輯。連劭名：《周生簋銘文所見史實考述》，《考古與文物》2000年6期。

〔註183〕林澐：《琱生簋新釋》，《古文字研究》第3輯，中華書局，1980年，頁126。

〔註184〕王輝：《商周金文》，文物出版社，2006年，192頁。

〔註185〕郭沫若：《兩周金文辭大系圖錄考釋》，《金文文獻集成》第21冊，頁469。

〔註186〕方述鑫：《召伯虎簋銘文新釋》，《考古與文物》1997年1期。

〔註187〕馬承源：《商周青銅器銘文選》第3冊，文物出版社，1988年，頁208～210。

〔註188〕王玉哲：《〈琱生簋銘新探〉跋》，《中華文史論叢》1989年第1期，總第50輯。

〔註189〕徐義華：《新出土〈五年琱生尊〉與琱生器銘試析》，《中國史研究》2007年2期。

第四，隸「諫」。〔註 190〕在此基礎上又有四種訓釋意見：其一，讀作「務」，訓為事；〔註 191〕其二，釋柔，訓嘉善，「多柔」的「多」為程度副詞；〔註 192〕其三，讀作「楙」，訓為茂美；〔註 193〕其四，讀作「擾」，訓為亂。〔註 194〕

從上面的綜述可以看出，隸「諫」說影響最大，信從者最多，爭議也最多；但是從字形的角度考慮，前三種意見都不能成立。現將相關字形移錄於下：

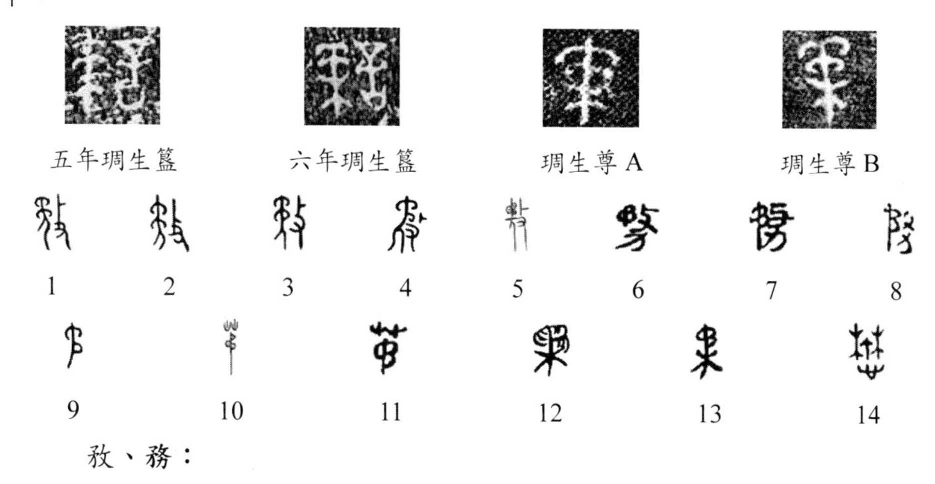

五年琱生簋　六年琱生簋　琱生尊 A　琱生尊 B

敄、務：

1. 般甗（《集成》3.944）：「王宜人方無敄。」〔註 195〕
2. 寧敄簋（《集成》7.3941）：「賞寧敄。」
3. 毛公鼎（《集成》5.2841）：「廼敄（侮）鰥寡。」
4. 𦤎公簋（《集成》8.4183）：「上𦤎公敄人。」
5. 中山王譽壺（《集成》15.9735）：「敄（務）在得賢。」
6. 睡虎地秦簡《為吏之道》第 29 簡：「作務員程。」〔註 196〕

〔註 190〕《斷代》，頁 231～235。

〔註 191〕袁金平：《新見西周琱生尊銘文考釋》，先秦史研究室網站，2006 年 12 月 9 日。

〔註 192〕陳英傑：《新出琱生尊補釋》，《考古與文物》2007 年 5 期。

〔註 193〕羅衛東：《讀〈五年琱生尊〉銘文札記》，《北京師範大學學報》（社科版）2008 年 3 期。

〔註 194〕李學勤：《琱生諸器銘文聯讀研究》，《文物》2007 年 8 期。

〔註 195〕史樹青：《無敄鼎的發現及其意義》，《文物》1985 年 1 期。

〔註 196〕睡虎地秦墓竹簡整理小組編：《睡虎地秦墓竹簡．為吏之道》，文物出版社，1990 年，頁 170。

7. 銀雀山漢簡《晏子》第 574 簡：「所求於下者，弗務於上。」〔註 197〕

8. 銀雀山漢簡《守法守令》936 簡：「均其作務之業。」〔註 198〕

矛：

9. 㦰簋（《集成》8.4322）：「俘戎兵、矛、戈。」

茅：

10. 盗壺（《集成》15.9734）：「茅（苗）狩田獵。」

11. 睡虎地秦簡《秦律》195 簡：「獨高其置芻廥及倉茅蓋者。」〔註 199〕

柔：

12. 郭店簡《性》8、9 簡：「柔之約，柔取之也。」〔註 200〕

13. 睡虎地秦簡《為》34、35 簡：「勇能屈，剛能柔。」〔註 201〕

懋：

14. 免卣（《集成》10.5418）：「令史懋賜免。」

上述例 1～8 在時間上涵蓋了商、西周、春秋、戰國、秦、漢等歷史階段，我們可以借敄字的古文序列，考察「矛」字的演變軌跡。〔註 202〕《說文．矛部》：

〔註 197〕銀雀山漢墓竹簡整理小組編：《銀雀山漢墓竹簡．晏子》（壹），文物出版社，1985 年，頁 85、95。

〔註 198〕銀雀山漢墓竹簡整理小組編：《銀雀山漢墓竹簡．守法守令等十三篇》（壹），文物出版社，1985 年，頁 117、146。

〔註 199〕睡虎地秦墓竹簡整理小組編：《睡虎地秦墓竹簡．秦律．內史雜》，文物出版社，1990 年，頁 64。

〔註 200〕荊門市博物館：《郭店楚墓竹簡》，文物出版社，1998 年，頁 61、179。

〔註 201〕銀雀山漢墓竹簡整理小組編：《為吏之道》，文物出版社，1985，頁 83、167。

〔註 202〕于省吾說商周金文「敄」字左旁像「人戴羊角形之帽」，又認為毛公鼎的「敄」從矛（《甲骨文字釋林》，中華書局，1979 年，頁 16、364）。張桂光《古文字中的形體訛變》（《古文字研究》第 15 輯，中華書局，1986 年，頁 165、166）從于前說。李學勤以為敄從柔，柔像人披髮之形（《〈古韻通曉〉簡評》，《中國社會科學》1991 年 3 期），但琱生尊出土後，李先生在《琱生諸器銘文聯讀研究》（《文物》2007 年 8 期）中採釋「諫」說，其對敄字的看法，可能有修正。今按，商周「敄」字的構形可參「教」字。甲骨文「教」字像手拿棍棒打孩子，使其學習擺佈「爻」，從而掌握計數或算卦；「爻」兼起聲旁的作用（黃天樹《〈說文解字〉部首與甲骨文》，《黃天樹古文字論集》，學苑出版社，2006 年，頁 330）。無論西周早期金文「敄」字左旁為何物，敄

「矛，酋矛也。建於兵車，長二丈。象形。」將例 9「矛」字古文同先秦古矛圖乙、丙對比可知，矛字確如《說文》所說，是象形字，分別取象矛葉和矛耳。商周時期矛有無耳、單耳、雙耳之分（見圖 6）：

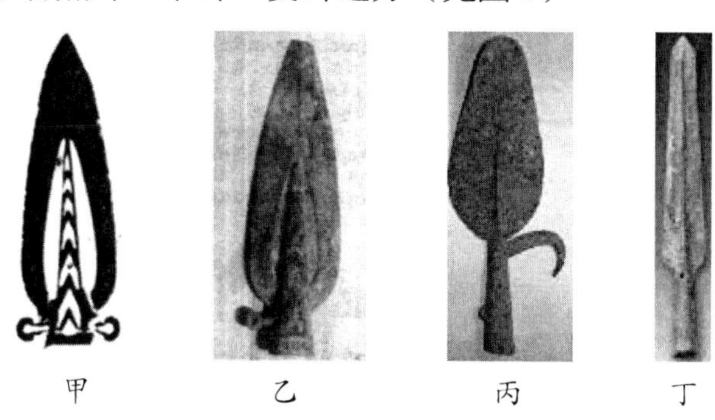

甲　　乙　　丙　　丁

圖 6：先秦古矛圖片〔註 203〕

例 14 懋字所從矛字無耳，例 9 矛字單耳，例 1～3 敄字所從矛字雙耳；但例 4（春秋時期）中矛字已變成單耳，此後古文資料中見到的敄或務字所從之矛多為單耳形。將琱生器的□、□同例 13 對比，〔註 204〕顯然□與□接近，二者只是矛耳有單雙之別；所以，□、□當隸作柔、諃。

既已確定□、□為柔、諃，則前述第一至三的釋讀意見均可排除，接下來討論第四種意見。其一，讀「務」，訓「事」。銘文為「公僕庸土田多柔（務－事）」、「獄柔（務－事）」，可備一說。其餘三種觀點，在兼顧六年簋銘「用獄諃為伯」的釋讀方面皆有可商。

字左部後來變成「矛」形是無可否認的；即使早期柔字上部非矛字，也完全可能經歷了與「敄」類似的演化，最終變成了「矛」字；也就是說，「□」也可能本像樹木枝條柔弱曲直之形，後來上部的枝條形類化成了「矛」形。殊途同歸，「□」當釋為「柔」字。

〔註 203〕圖甲、乙見江西省文物考古研究所《江西新幹大洋洲商墓發掘簡報》(《文物》1991 年 10 期)。圖丙見社科院考古所主辦「中國考古網」，2008 年 12 月河南淅川下王崗遺址出土「闊葉倒鉤銅矛」。圖丁見寶雞市考古研究所《陝西扶風五郡西村西周青銅器窖藏發掘簡報》(《文物》2007 年 8 期)。關於商周銅矛的形制，朱鳳翰《古代中國青銅器》(南開大學出版社，1995 年，頁 262)、李健民《西周時期的青銅矛》(《考古》1997 年 3 期)、沈融《商與西周青銅矛研究》(《考古學報》1998 年 4 期）等曾作過很好的研究。沈融指出，A 型 II 式等腰三角形雙耳矛流行於商晚期至西周早期，是商代青銅矛數量最大的一式（沈文第 448 頁），可參看。

〔註 204〕于省吾《釋朿》(《甲骨文字釋林》，中華書局，1979 年，頁 174) 對「朿」的字形字義有詳細討論，「□」非「朿」。

今按，琱生尊銘的「勿使散亡」，顯然是說「勿使僕庸土田散亡」。「散亡」習見於典籍，文義淺顯，所以學者很少論及，或訓為失散、逃亡。〔註205〕但是，失散、逃亡都指人，土田無所謂逃亡；因此，若照字面解釋「散亡」，語意略顯不足。其實簋銘「散亡」當讀為「散荒」，荒從亡得聲，故通。「僕庸土田散荒」即僕庸逃散，土田荒蕪。《周禮·夏官·大司馬》：「野荒民散則削之。」鄭玄《注》：「荒，蕪也。田不治，民不附，削其地，明其不能有。」《國語·周語》：「田疇荒蕪。」韋昭《注》：「荒，虛也。」《禮記·曲禮上》：「地廣大，荒而不治。」鄭玄《注》：「荒，穢也。」皆可參。

「多柔」也修飾「僕庸土田」，對比「散荒」，則「多」言僕庸，「柔」言土田。《說文·土部》：「壤，柔土也。」又「壚，剛土也。」可見土有剛柔之分。又《田部》「畼，和田也。」《漢書·地理志》：「厥土惟白壤，厥賦上上錯。」〔註206〕顏師古《注》：「柔土曰壤也。」柔土肥美，所以賦納最高。「僕庸土田多柔」當即僕庸眾多、土田和柔。上引五年簋、尊銘文是說：我老了，我的僕庸眾多、土田肥美，請伯氏從許（我的協調方案），以免僕庸逃散、土田荒蕪。

至於上引六年簋銘，當斷讀為：「公厥稟貝用獄，誎（求）為伯有底有成。」厥，副詞，訓為乃。〔註207〕稟，或訓給納，「稟貝」相當於《周禮·秋官·大司寇》的「入束矢」或「入鈞金」，是獄訟手續之一。〔註208〕先秦稟字可表示給予、領受、罰沒等義。睡虎地秦簡《秦律·金布律》：「以律稟衣。」整理小組譯：「依法律規定發給衣服。」又「稟衣者，隸臣、府隸之毋（無）妻者及城旦。」譯：「領取衣服的，隸臣、府隸中沒有妻的以及城旦。」又《秦律雜抄·敦（屯）表律》：「稟伍二甲。」譯：「同伍的人，罰二甲。」〔註209〕即其

〔註205〕王輝：《琱生三器考釋》，《考古學報》2008年1期。王進鋒：《新出〈五年琱生尊〉與琱生諸器新釋》，《歷史教學》2008年6期。諸家解說集中見於金東雪《琱生三器銘文集釋》（吉林大學2009年碩士論文，頁57、58）。

〔註206〕此語最早見於《尚書·禹貢》。

〔註207〕張玉金：《西周金文中「氒」字用法研究》，《古文字研究》第25輯，中華書局，2004年，頁109。「氒」字在法律文獻中還可表示「假設」，參李家浩《齊國文字中的「遂」》（《著名中年語言學家自選集·李家浩卷》，安徽教育出版社，2002年，頁41）。

〔註208〕林澐：《琱生簋新釋》，《古文字研究》第3輯，中華書局，1980年。

〔註209〕睡虎地秦墓竹簡整理小組編：《睡虎地秦墓竹簡·秦律·金布律》及《秦律雜抄·敦（屯）表律》，文物出版社，1990年，頁42、42、88。

例。用獄，《周易・噬嗑》：「利用獄。」高亨《今注》：「利於訟獄。」〔註 210〕因此，「用」可訓「於」。

𧦝當讀為求。𧦝從柔聲，上古音柔為日母幽部字，求為群母幽部字，求、柔疊韻，聲為鄰紐。郭店簡《老子》甲第 33、34 簡：「骨弱筋㭒而捉固。」今本和帛書本㭒作柔。〔註 211〕可見柔、求互通。為，當訓「與」，《管子・戒》：「自妾之身之不為人持接也。」尹知章《注》：「為，猶與也。」《史記・孟子荀卿傳》：「豈寡人不足為言邪？」又《南越王傳》：「郡中長吏無足與言者。」王念孫說：「與、為一聲之轉，故謂與曰為。」〔註 212〕「有底有成」，是指這場爭訟平息，有了結局。〔註 213〕《國語・晉語八》：「范宣子與和大夫爭田，久而無成。」韋昭《注》：「成，平也。」《禮記・文王世子》：「獄成。」鄭玄《注》：「成，平也。」簋銘「求為伯有底有成」，猶典籍求成、請成。《左傳・隱公元年》：「公立而求成焉。」楊伯峻《注》：「成，解怨結好也，今言媾和。」又《隱公六年》：「鄭伯請成于陳，陳侯不許。」杜預《注》：「成，猶平也。」即其例。

六年簋銘是說：公於是給付貝幣給獄（官），要求與伯氏達成和解。

琱生器銘開篇就說「琱生有事」，然後「合事」，然後召幽伯求成，最後琱生起誓，〔註 214〕說：「如事召人，公則明殛！」〔註 215〕據此，當是琱生挑起事端，召幽伯通過召姜、召伯虎和琱生協商，最終達成和解方案，平息了糾紛。

琱生器的爭訟事由，一般認為是分家析產，可信。〔註 216〕

四、土田訴訟程序

土田訴訟屬於財產糾紛，法制史學者將其歸入民事訴訟一類，並認為西

〔註 210〕高亨：《周易古經今注》（重訂本），中華書局，1984 年，頁 221。

〔註 211〕荊門市博物館：《郭店楚墓竹簡》，文物出版社，1998 年，頁 5、113。

〔註 212〕〔清〕王念孫：《讀書雜志・史記第四・孟子荀卿列傳》第 2 冊，北京市中國書店，1985 年，頁 98。

〔註 213〕林澐：《琱生簋新釋》，《古文字研究》第 3 輯，中華書局，1980 年。

〔註 214〕李學勤：《琱生諸器銘文聯讀研究》，《文物》2007 年 8 期。

〔註 215〕簋銘「女」字多讀為汝、毋（參劉德浩《琱生三器研究》，華南師範大學 2009 年碩士學位論文，頁 52、53），似當讀「如」，若也，假設之辭。

〔註 216〕王輝：《琱生三器考釋》，《考古學報》2008 年 1 期。王沛：《「獄刺」背景下的西周族產析分——以琱生器及相關器銘為中心的研究》，《法制與社會發展》2009 年 5 期。

周時期已形成相對穩定的民事訴訟程序，現將其意見摘錄如下：

第一，告訴。民事訴訟的發生啟始於當事人的告發。

第二，兩造到庭，坐地對質。曶鼎屬於代理訴訟，但原被告雙方都出庭。

第三，訴訟費的繳納。西周訴訟，刑事、民事都要繳納訴訟費。刑事用銅，民事納貝。目前還沒有交束矢的其它佐證。

第四，訊有司，即在判決前要徵詢大臣們的意見。

第五，一名典。民事訴訟，「訊有司」之後即判決，訴訟結束。如果案例屬於田土所有權方面的爭訟，判決之後，還須履行「一名典」的程序，就是將田土數量四至一一登錄於典冊，以確認勝訴一方對這些田土的所有權。「一名典」之後，將典冊一分為二，一半封存官府，立案存檔；另一半交給勝訴方保存。

在民事違約爭訟案件中，還有誓審。宣誓是誓審的主要形式，分強迫宣誓、自願宣誓、合意宣誓三種。金文中，宣誓分作兩步：其一，司法官領誓——宣讀誓辭；其二，敗訴者從誓——重複誓辭。〔註217〕

按，從爭訟當事人的身份分析，西周時期「告訴」似有條件限制，即嚴禁下級訴上級貴族，〔註218〕但貴族可訴庶民，〔註219〕也可訴庶民之領主。〔註220〕上述程序4、5本於琱生器，上文已經證明，召伯虎一方和琱生一方達成的協議；所以「訊有司」和「一名典」屬於分家析產事務，不能看作訴訟程序。因此，爭訟的程序當修正為：

第一，告訴。曶鼎：「以匡季告東宮。」

第二，兩造對質。訴訟銘文多見「許」字，或以為即「在訴訟

〔註217〕胡留元、馮卓慧：《夏商西周法制史》，商務印書館，2006年，頁576～579、582～585。

〔註218〕𠑇匜（《集成》16.10285）銘有「汝敢以乃師訟」，表明下級一般不能訟上級。又《國語．周語中》：「夫君臣無獄。」

〔註219〕如師旂鼎（《集成》5.2809）。

〔註220〕曶鼎「匡眾厥臣」，就是匡的眾的臣（《斷代》頁201），眾為自由民（于省吾《關於釋〈臣和鬲〉一文的幾點意見》，《金文文獻集成》第40冊，頁241）。眾之臣寇禾，曶不是訴臣或眾，而是訴匡。即其例。

場合中針對質詢的回答」。〔註 221〕

第三，繳納訟金。六年琱生簋：「公厥稟貝用獄。」

第四，成讞。𠑇匜（《集成》16.10285）：「伯揚父乃成賫（讞）。」〔註 222〕

第五，宣誓。融比簋蓋：「攸衛牧則誓。」〔註 223〕

第六，告史備案，獄成。𠑇匜：「乃以告史𩛥、史曶于會。」

以上程序主要根據曶鼎、融比器、琱生器、𠑇匜等歸納出來，只是對西周訴訟程序的簡單構擬，與當時實情可能有距離。

五、土田爭訟的結果

第一例曶鼎和第二例融比器的爭訟結果與各自的訴訟請求吻合，無須贅述。

第三例的處理結果載於五年琱生尊，銘文為：「余宕其叁，汝宕其貳。」學者間的爭議就發生在「宕」字的釋讀上。據統計，此「宕」字主要有十三種釋訓觀點。〔註 224〕王占奎讀「宕」為「宅」，訓為「居」，引申為「佔有」；尊銘是說：公家居（佔有）其三，琱生居其二。〔註 225〕按，從銘文語境可知，「宕」的對象應該是「僕庸土田」，所以王占奎說很有道理，但其訓釋略覺迂曲。筆者以為，尊銘「宕」似應讀為「褚」。上古音宕為定母陽部字，褚為透母魚部字，定、透俱為舌頭音，魚、陽對轉，所以宕、褚音近可通。《國語．吳語》：「乃命諸稽郢行成於吳。」《史記．越世家》諸作柘。古文字「庶」從石聲，《周禮．夏官》：「諸子掌國子之倅。」鄭玄《注》引諸子作庶子。《釋

〔註 221〕張世超：《西周訴訟銘文中的「許」》，華東師範大學中國文字研究與應用中心主辦「網絡時代與中國文字研究」國際高級專家研討會會議論文，2010 年 9 月 16 至 19 日，頁 163。

〔註 222〕李學勤：《岐山董家村訓匜考釋》，《古文字研究》第 1 輯，中華書局，1979 年，頁 151。

〔註 223〕孫常敘：《則、灋度量則、則誓三事試解》，《古文字研究》第 7 輯，中華書局，1982 年，頁 13、14。

〔註 224〕金東雪：《琱生三器銘文集釋》，吉林大學 2009 年碩士論文，頁 59～63。筆者據金東雪集釋歸納出十三種訓釋觀點，分別是：拓取、捐獻、超額、讓、宥除、擔當、擔當訴訟責任及工作量、擴展、度、承擔訴訟費用、佔有、安置、平易（治）。

〔註 225〕王占奎：《琱生三器銘文考釋》，《考古與文物》2007 年 5 期。

名·釋疾病》:「㾱,褚也。」可見,宕、褚可通。褚訓為畜,與尊銘「散」字對應。《左傳·襄公三十年》:「取我衣冠而褚之。」杜預《注》:「褚,畜也。」《易·師》:「君子以容民畜眾。」《荀子·富國》:「量地而立國,計利而畜民。」簋銘是說公和琱生各畜有一部份僕庸土田,使其民人不至於流散,土地不至於荒蕪。這實際上是分家析產的委婉說法。

召氏家族的案例說明,宗族名下的僕庸土田在一代宗君病老之際將發生分割,族產按大宗多占、小宗少占的原則進行分配。

綜上所述,西周時期土田爭訟在異姓貴族、同宗貴族之間均有發生,爭訟當事人可以請求自己的官長乃至請求周王作出裁決。可見,訴訟是改變西周貴族土地佔有狀況的有效途徑之一。

曶鼎銘第二段記爭訟結束後,雙方互贈禮物,這表明聽訟人井叔的裁決可能使雙方都比較滿意。〔註 226〕由此推論,西周的理訟系統確曾遵循「不敢不中不井(型)」的思想,妥善處理各種財產糾紛,為維護王朝的長期穩定發揮過重要作用。到西周晚期,「中型」理念被破壞,社會開始動盪,西周迅速衰落。《國語·周語上》記厲王學專利,芮良夫因此預言周室將衰,理由是「夫王人者,將導利而布之上下者也」,也就是均衡利益格局;而專利使少數人或少數家族恣意妄為,導致利益格局失衡,人心失和,最終出現分崩離析的局面。厲王在處理𩛥比與攸衛牧的土地糾紛時,要求攸衛牧發誓:「敢弗具付𩛥比其且(昔)射(斁)分田邑,則殺!」〔註 227〕態度極其強硬。這大概就是厲王專利的冰山一角。

第四節　金文耤田和胥賦考論

一、耤田

耤田的「耤」,傳世文獻作「籍」、「藉」,耤、籍、藉均從昔得聲,故通。耤字見於商代甲骨文,一般作「[illegible]」形,或作「[illegible]」形,從巛聲,〔註 228〕像人

〔註 226〕曶鼎第二段銘文記錄有關「五夫」的糾紛,因為同土地糾葛的關係不明,所以本節沒有列入討論。

〔註 227〕白於藍:《金文校讀三則》,《漢字研究》第 2 輯,慶星大學校韓國漢字研究所,2010 年 6 月。

〔註 228〕劉釗:《釋甲骨文耤、羲、蠹、敖、𢦏諸字》,《吉林大學社會科學學報》1990 年 2 期。

持耒耜耕作之形。〔註229〕據《類纂》統計，共有三十一條含「耤」的卜辭，〔註230〕茲移錄於下：

1. ……卜貞：眾作耤，不喪……
2. 貞：呼雷作耤于明。
3. 丁酉卜，㱿貞：我受甫耤在姢年。三月。
4. 丁酉卜，㱿貞：我弗其受甫耤在姢年。　二告
5. 王固曰：我其受甫耤在姢年。
6. 甲申卜，穷貞：呼耤，生。　二告
7. 己亥卜……觀耤……
8. 己亥卜，貞：令𡗜小耤臣。
9. 己亥卜……令𡗜……耤臣。
10. 庚子卜，貞：王其觀耤，惟往十二月。
11. 己亥卜，貞：王往觀耤，延往。
12. ……耤……
13. ……耤于……
14. ……壽耤在名，受有年。
15. 丙辰卜，爭貞：呼耤于陮，受有年。
16. 己卯卜，㱿貞：雷耤于名，享，不㴱。
17. 丙子卜，呼……耤，受年。
18. 貞：今我耤受　二告
19. 壬午卜，㱿貞：呼𩊚耤。
20. 呼耤于亩北泴不……
21. 貞：呼耤……

〔註229〕郭沫若：《甲骨文字研究·釋耤》，《郭沫若全集·考古編》第1卷，科學出版社，1982年，頁80。徐中舒：《耒耜考》，《農業考古》，1983年1、2期。于省吾主編：《甲骨文字詁林》第1冊，中華書局1999，年，頁177～183。耤字義釋參姚孝遂按語。

〔註230〕姚孝遂主編：《殷墟甲骨刻辭類纂》，中華書局，1989年，頁74。

22. 告攸侯耤。

23. ……不……耤

24. ……耤

25. ……耤……

26. ……耤

27. 甫耤于姢，受年　　二告

28. 王勿耤……

29. ……丑卜，我貞……永耤于……

30. □弜耤[illegible]舊□其受有年。〔註231〕

31. ……貞：耤……

例 1 的「眾作耤不喪」，湛嵐認為是卜問「眾」在田間勞動時會不會逃跑，並據此推論「眾」的身份不自由。〔註232〕王貴民認為，商王室直接經營所屬農田，商王常派遣官員甚或親自過問農作物的播種、耕鋤、田間管理、收穫等；上述例 18、28、29 的「耤」屬於春耕活動，例 3、15、16、19、20、21、27 等例中的「呼耤」是命令開耕，「呼某耤」是命某人去督率開耕，例 7、10、11 的「觀耤」，就是商王前去視察；商王分別命令官員們到各處督率耕耤，並設有農官「小耤臣」，所以商代耤田是在商王的政令推動下進行的春耕活動，既不是耤田之禮，也不是所謂氏族公社或農村公社社員共耕公有地的自發活動。〔註233〕于省吾認為，甲骨文中小臣的地位有高有低，級別高的常常從事祭祀和征伐，相當於後世的大臣（甲骨文無大臣之稱）；甲骨文的小丘臣、小眾人臣、小多馬羌臣分別是丘小臣、眾人小臣、多馬羌小臣的倒語，分別主管丘居、眾人和多馬羌；例 8 的「小耤臣」為「耤小臣」的倒句，是主管耕耤的小臣，舊釋小耤臣為農奴，不確。〔註234〕裘錫圭則據甲骨文構擬出商代農業生產過程，包括田獵、芟除草木、整理土地（選田、壅田、度田等）、耕耘、刈穫等；例 30 的「舊□」為「舊田」殘辭，舊田是已經墾種，需要換耕

〔註231〕從裘錫圭《甲骨文中所見的商代農業》(《古文字論集》，中華書局，1992 年，頁 184）釋讀。

〔註232〕湛嵐：《釋「眾作耤不喪」》，《甲骨文獻集成》第 13 冊，頁 331。

〔註233〕王貴民：《就甲骨文所見試說商代的王室田莊》，《甲骨文獻集成》第 26 冊，頁 366。

〔註234〕于省吾：《釋小臣的職別》，《甲骨文字釋林》，中華書局，1979 年，頁 310。

的田；例 6 卜問「呼耤」後是否能「生」，所以卜辭的「耤」似包括耕和種兩個環節。〔註 235〕以上是對商代耤田卜辭和農業生產的扼要介紹，為討論西周農業提供了背景資料。下面討論金文的耤田問題。

西周金文含「耤」的資料有以下幾條：

1. 𢦚簋：「𢦚，令汝作司徒，官司耤田。」

2. 令鼎：「王大耤農于諆田。餳。王射，有司眔師氏、小子合射。王歸自諆田。王馭溓仲僕。」

3. 弭伯簋（《集成》8.4257）：「王呼內史尹氏冊命師耤。」

4. 牧簋（《集成》8.4343）：「廼侯之耤。」

例 1「耤田」，宋代呂大臨已經釋出，目前「耤田」連言的金文僅此一見。〔註 236〕例 2「耤」字由吳式芬釋出。〔註 237〕柯昌濟認為，諆田可能是周畿內地名；餳訓為饋食，古耤田禮必有饋、饁之事，並兼行射禮；溓，古國名，即今姓氏之廉，蓋出大廉之後，溓仲為御，令、奮為僕；〔註 238〕器出山西芮城縣。〔註 239〕吳其昌說「王馭溓仲僕」猶《論語・子路》「子適衛，冉有僕」，僕即馭。〔註 240〕例 1、2 的「耤」，一般認為是天子親耕勸農。〔註 241〕例 3「耤」為人名，無可申述。例 4 為摹本，文義不明，待考。以上是從古文字學的角度對金文資料的扼要介紹。

研究西周田制的學者對上述金文又有不同的闡釋。徐喜辰認為，例 1「官司耤田」是周天子確有「耤田」的明顯證據；例 2 記載周王在「耤田」上舉行「始耕典禮」的情景，銘文「大耤農」就是「大借農」，亦即借公社農民之力耕種「國」中「公田」；「諆田」就是周王的「耤田」，大概是音近字通的緣故，「籍田」被寫成了「諆田」。〔註 242〕楊寬認為，西周「籍田」是國王所有土地的主要部份，由司徒掌管，並徵發庶人來耕作；例 2 是說國王在淇田舉行籍禮，籍禮之後宴會，然後行大射禮；楊寬還根據文獻記載構擬西周籍禮，

〔註 235〕于省吾：《釋小臣的職別》，《甲骨文字釋林》，頁 154～189。
〔註 236〕〔北宋〕呂大臨：《考古圖》，《金文文獻集成》第 1 冊，頁 47。
〔註 237〕〔清〕吳式芬：《攈古錄金文》，《金文文獻集成》第 11 冊，頁 340。
〔註 238〕柯昌濟：《韡華閣集古錄跋尾》，《金文文獻集成》第 25 冊，頁 129。
〔註 239〕柯昌濟：《金文分域編》，《金文文獻集成》第 42 冊，頁 392。
〔註 240〕吳其昌：《金文厤朔疏證》，《金文文獻集成》第 38 冊，頁 68。
〔註 241〕張世超、孫凌安等：《金文形義通解》，中文出版社，1996 年，頁 1045、1046。
〔註 242〕徐喜辰：《井田制度研究》，吉林人民出版社，1982 年，頁 141、144。

其大致過程包括：

第一，行禮前的準備，如太史觀察天時和土壤等；

第二，舉行「饗禮」，分別長幼、貴賤的等次；

第三，正式舉行「籍禮」，王親執耒耜耕田，大臣、庶民緊隨其後；

第四，籍禮之後舉行宴會；

第五，廣泛地巡查和監督庶人耕作。

「籍禮」具有監督庶人從事無償勞動的性質，所謂「監農不易」就是要嚴格監督庶人從事農業勞動。〔註 243〕

今按，若僅從金文考慮，例 1 的「耤田」可有兩種解釋：其一，據甲骨文，耤就是耕種，則耤田就是耕種農田，而「官司耤田」泛指主管農業生產，與卜辭的「小耤臣」相當。其二，耤田是名詞，即《呂氏春秋・上農》「是故天子親率諸侯耕帝籍田」之「籍田」。截至目前，學者多作第二種解釋，但金文「耤田」僅此一例，還不足以排除第一種可能。

例 2「大耤農」與「鍚」、「射」等禮儀活動相連，應當就是文獻所載的耤禮；前引徐喜辰認為「『諆田』就是周王的『耤田』，大概是音近字通的緣故」，此說不確。「諆田」的「諆」從其得聲，上古音耤為從母鐸部字，其為群母或見母之部字，耤、其古音相差很遠；因此，不能將「諆田」讀為「耤田」。令鼎出於山西芮城，暗示諆田可能在東方；楊寬讀「諆田」為「淇田」，可能是對的。〔註 244〕《漢書・地理志》：「沾水東至朝歌入淇。」淇縣今屬河南省鶴壁市，在洛陽東北，距洛陽大約兩百多公里。〔註 245〕淇為殷商舊地，周王在耤禮之後又行射禮，或有鎮撫之義。〔註 246〕《國語・周語上》記耕種季節，「王則大徇」；到淇地行耤禮，當是「大徇」的具體表現。

「大耤農」的「耤」，通說訓為「借」。《國語・周語上》：「宣王即位，不籍千畝。」韋昭《注》：「籍，借也，借民力以為之。天子田籍千畝，諸侯百畝。自厲王之流，籍田禮廢，宣王即位，不復遵古也。」《說文・人部》：「借，

〔註 243〕楊寬：《西周史》，上海人民出版社，1999 年，頁 268～271。

〔註 244〕楊寬：《西周史》，上海人民出版社，1999 年，頁 269。

〔註 245〕火車網（search.huoche.com.cn），從淇縣到鄭州轉車至洛陽的火車里程為 252 公里。

〔註 246〕劉雨：《西周金文中的「周禮」》，《金文論集》，紫禁城出版社，2008 年，頁 143。

假也，從人昔聲。」耤、借同從昔聲，耤訓為借是聲訓；「借民力」相當於說「假民力」，亦即憑藉民力。

「借民」說曾遭到學者反對。鄭慧生指出，把「耤」訓為「使民如借」是錯的，耤義當為蹈藉。〔註 247〕《史記・孝文帝本紀》：「其開籍田。」裴駰《集解》：「瓚曰：『景帝詔曰「朕親耕，后親桑，為天下先。」本以躬親為義，不得以假借為稱也。籍，蹈籍也。』」依這種觀點，耤田當是天子親耕的土地，其數量顯然不多。

但「天子親耕」說也遭到學者反對。徐中舒指出，舊儒將耤禮解釋為提倡農耕是「大笑話」，原始公社不允許有人脫離生產，起初統治者若不親自參加勞動，就不能徹取公社耕地為公田。〔註 248〕楊寬指出，「籍」是西周、春秋間使用庶人的主要辦法，行「籍禮」就是要維護耤法；並引《管子・輕重甲》「君請籍於鬼神」、黎族「稻公稻母」等事例為據，指出統治者宣稱「籍田」所得用於祭祀、救濟、嘗新以及行「籍禮」表示重農等說法都是掩蓋剝削行為的欺騙手段。〔註 249〕

其實，從語法角度看，「大耤農」應理解為「大使農耤」，「耤千畝」即「使（農）耤千畝」，也就是廣泛地使農民耕種。西周天子負責頒佈曆法，而史官具體負責曆法推步，掌握農業生產的時令節氣；到了播種季節，史官要通知相關僚友準備動員農民春耕。《左傳・僖公五年》：「公既視朔，遂登觀台以望，而書，禮也。」楊伯峻《注》：「每年秋冬之交，天子頒明年之曆法於諸侯，曆法所記，重點在每月初一為何日及有無閏月，謂之班朔，《漢書・律曆志》『周道既衰，天子不能班朔』是也；王韜《春秋曆雜考》亦謂『周既東遷，王室微弱，天子未必頒曆，列國自為推步』。」《國語・周語上》記立春前九天，太史告訴農官「土膏其動」；又記「是時也，王事唯農是務，無有求利於其官，以幹農功。」韋昭《注》：「求利，謂變易使役，幹亂農功。」由此可見，耤禮有大規模動員、組織農民從事農業生產之意。〔註 250〕

對比商周之「耤」，可加深對周代「耤」的認識。

〔註 247〕鄭慧生：《商代的農耕活動》，《甲骨文獻集成》第 26 冊，頁 417。

〔註 248〕徐中舒：《試論周代田制及其社會性質》，原載《中國文化研究彙刊》1944 年第 4 卷上冊，《徐中舒歷史論文選輯》，中華書局，1998 年，頁 851。

〔註 249〕徐中舒：《試論周代田制及其社會性質》，頁 272～275。

〔註 250〕〔清〕孫詒讓《周禮正義・甸師》（中華書局，1987 年，頁 284）引干寶說耤田的意義，「二曰以訓于百姓在勤，勤則不匱也」。

其一，商代「作耤」用「眾」，而眾的身份不自由，所以商代的「耤」是一種強迫性的集體勞動。解放前，殷墟曾一次發掘出上千把石鐮，收割工具數量眾多而又集中保管，說明商代實行有組織的集體勞動。〔註 251〕

西周則是以父系大家庭為單位主動從事農業生產，相對來說，西周一個耕作單位的規模當比商王作耤的規模小。《詩・周頌・噫嘻》：「噫嘻成王。既昭假爾！率時農夫，播厥百穀。駿發爾私，終三十里。」毛《傳》：「私，民田也。言上慾富其民而讓於下，慾民之大發其私田耳。」鄭玄《箋》：「駿，疾也。發，伐也，亦大服事也。使民疾耕，發其私田，竟三十里者一部，一吏主之，於是民大事耕其私田，萬耦同時舉也。」〔註 252〕又《載芟》：「載芟載柞，其耕澤澤。千耦其耘，徂隰徂畛。侯主侯伯，侯亞侯旅，侯彊侯以。」該篇舊注以為是春季耤田祈社之詩。主為家長，伯為長子，亞為仲叔，旅為子弟。「輩作者千耦，言趨時也。」〔註 253〕此詩描繪了若干父系大家庭耕耤田畝的場景，「千耦其耘」並非千人集體成排耕種一塊土地，而是各個大家庭在趕時令節氣，忙於耕種。〔註 254〕

其二，商代作耤是純粹的農業生產活動，而西周之耤已演變為禮儀活動，具有多重政治含義。除上述動員生產的政治含義外，耤禮還為人口統計提供了便利。《國語・周語上》記耤禮之後，「民用莫不震動，恪恭于農……不解于時」。韋昭將「民用」訓作「田器」，似誤；「用」當訓為「因而」。〔註 255〕前引《周語》是說，庶民因被耤禮「震動」（出家門），老老實實耕作於田間地頭，不敢懈怠。官方於是統計勞動人口，正是《國語・周語上》仲山父所謂

〔註 251〕鄭慧生：《商代的農耕活動》，《甲骨文獻集成》第 26 冊，頁 417。

〔註 252〕〔清〕王先謙：《詩三家義集疏》，中華書局，1987 年，頁 1022、1023。

〔註 253〕同注 252，頁 1045、1046。[illegible]匜（《集成》16.10285）：「[illegible]用作旅盉。」唐蘭說：「旅是宗旅，比族的范圍較小。一個大家庭中包括子弟，稱為旅。」（《陝西省岐山縣董家村新出西周重要銅器銘辭的譯文和注釋》，《文物》1976 年 5 期）黃盛璋《釋旅彝》（載入其《歷史地理與考古論叢》，齊魯書社，1982 年，頁 345～365）認為旅彝可攜帶用於行旅與征伐。對比可知，黃說為優，但唐說可能本於《載芟》的「侯亞侯旅」，其對「旅」字本身的理解並沒有錯。

〔註 254〕陳力：《夏商西周土地制度概論》，四川大學 1987 年博士學位論文，頁 88～94。陳力還將《逸周書・大聚》「興彈相庸」之「彈」與 1973 年河南偃師發現的《漢侍廷里父老僤買田約束石券》中的「僤」聯繫起來，認為西周「耦耕」實際上是一種換工制，西周農業生產者所聚居的村社是一種地緣性組織。

〔註 255〕「用」訓為「因而」見於金文，參張世超 等：《金文形義通解》，中文出版社，1996 年，第 786 頁。

「王治農於籍，搜于農隙，耨獲亦於籍，獮於既烝，狩于畢時，是皆習民數者也」。

其三，商王武丁和自己的妻子都有各自的土地，〔註256〕商王直接經營農田，並佔有收穫物。西周耤田收穫用於祭祀、布施民人等，因此耤田不能直接等同於周王之田。《呂氏春秋．季秋紀》：「藏帝籍之收於神倉，祗敬必飭。」又，《國語．周語上》：

1. 廩於籍東南，鐘而藏之，而時布之於農。

2. 若是，乃能媚於神而和於民矣，則享祀時至而佈施優裕也。

3. 場協入，廩協出。

從上述材料可知，籍田收穫物就地保存，用於祭祀和佈施，並設有專官管理。

可是截至目前，學界都無法確知周王「籍田」的總量。若「不籍千畝」為確指，則周王籍田是一千畝；但天子耤田千畝顯然不等於周天子只有千畝田。因此，目前可以說「籍田」具有公共財產性質，但不能說「這時國王所有土地中，『籍田』是主要的一部份」。〔註257〕

因為公侯的「公」和公共的「公」剛好同字，易致混淆，當代須慎用「公田」這個概念；不得已而用之，最好分列為「公共田」、「公侯之田」。文獻所謂的「籍田」應當是「公共田」，不宜直呼為周王之田。據同簋銘可知，周王有大片直屬領地。〔註258〕比照金文「在宜王人」和「厲田」、「散田」、「格伯田」等以田地主人姓氏名為農田命名的習慣，周王直屬的田地宜稱作「王田」。《國語．周語上》：「夫先王之制：邦內甸服。」韋昭《注》：「甸，王田也。」對比商王作耤之例，西周「王田」應當是收穫物歸於周王的土地，從這個角度看，「王田」其實是周王的「私田」。〔註259〕

上文結合典籍、卜辭討論的「耤」，在金文中主要表示耕種和耤田禮，與傳世文獻所謂「耤（借）法」的關係並不明瞭。文獻盛傳的西周「耤法」，屬於賦納制度的範疇，接下來將論及這個問題。

〔註256〕鄭慧生：《商代的農耕活動》，《甲骨文獻集成》第26冊，頁417。

〔註257〕楊寬：《「耤禮」新探》，《西周史》，上海人民出版社，1999年，頁269。

〔註258〕參本章第一節「司場」。

〔註259〕東周諸侯不賓，包茅不貢，周室據洛陽一隅還能綿延數百年，說明周王有直接收入。

二、金文中的「胥賦」及相關問題

有學者曾據毛公鼎、士山盤等器銘指出，西周的貢賦制度表現了地方邦國對周邦的臣服，是一種政治統治方式，貢賦本身沒有多少經濟意義。〔註 260〕為了驗證這一說法，我們清理出與西周賦納問題密切相關的六篇金文：

1. 駒父盨蓋：「南中（仲）邦父命駒父簋（就）南諸侯，率高父見南淮夷，氒取氒服。謹夷俗，遂不敢不敬畏王命，逆見我，氒獻氒服。」

2. 士山盤：「于入（納）茀侯。徃（遂）徵蠚刑方服，眔亢（？）虘服、履服、六孳（子）服。茀侯、蠚方賓貝、金。」〔註 261〕

3. 兮甲盤：「王令甲政辭成周四方責（積），至于南淮尸（夷）。淮尸（夷）舊我帛晦（賄）人，母（毋）敢不出其帛、其責（積）、其進人。」〔註 262〕

4. 師寰簋：「師寰，戊淮夷繇（舊）我帛晦（賄）臣，今敢博厥眔叚，反氒工吏，弗速我東國。」

5. 𤔲公盨：「天令禹專土，隨山濬川。廼𡖊𡗈埶征，降民監德。」〔註 263〕

6. 毛公鼎（《集成》5.2841）：「父厝，雩之庶出入事于外，専命専政，埶小大楚（胥）賦。」

上述金文中，服、積、帛、賄、埶征、胥賦等關鍵詞可能反映了西周賦納制度的部份情況，可分為三組，茲分述如下：

例 1「厥取厥服」、「厥獻厥服」的「服」，黃盛璋指出，《周禮．大宰》九貢中有「服貢」，鄭玄《注》：「絺紵也。」又《大行人》有「服物」，所以「服」

〔註 260〕應萌：《金文所見西周貢賦制度及相關問題的初步研究》，中國社科院研究生院 2003 年碩士論文。李雲泉《朝貢制度史論——中國古代對外關係體制研究》（新華出版社，2004 年）對中國古代朝貢關係作了長時段考察，可參看。

〔註 261〕董珊：《談士山盤銘文的「服」字義》，《故宮博物院院刊》2004 年 1 期。

〔註 262〕尚秀妍：《兮甲盤銘匯釋》，《殷都學刊》2001 年 4 期。我們仍從郭沫若說，「徃」讀為賄，此處與尚秀妍釋文不同；此外，尚秀妍釋文「王令兮甲政」，誤增一「兮」字。

〔註 263〕周寶宏：《近出西周金文集釋》，天津古籍出版社，2005 年，頁 178、201。西周中期器。

即布帛之類。〔註264〕例2，朱鳳瀚認為是王命士山完成對附庸小國的懲治後還要擔負的職事。〔註265〕黃錫全認為，「徵（懲）」後的「服」字為治服或來服。〔註266〕董珊認為，「徵」的對象是蠚井方、亢（？）虘、履、六孳（子）等四個方國的「服」，服包括職事和貢賦兩個方面，「徵某方國服」就是徵收此方國所應繳納的職貢；盤銘「蠚（鄀）刑（荊）方」即鄀方，地在今河南西峽縣城西；「履」即九年衛鼎眉敖之「眉」；六孳（子）之「六」即《左傳・文公五年》「楚人滅六」之「六」，地在今安徽六安縣北；蓴侯、亢（？）虘兩國不可考。〔註267〕陳英傑認為服是指采服。〔註268〕按，董珊通盤考慮士山盤和兮甲盤的「服」字釋義，解釋力較強，其說可從。

例3，楊樹達認為是周王討伐玁狁，特命兮甲徵求成周各國諸侯乃至淮夷之委積。〔註269〕李學勤認為，「舊我帛賄人」是說淮夷是長期向周朝入貢布帛的臣民。帛、積、進人是並列的三項。積指委積，《周禮・地官・大司徒》：「令野脩道委積。」孫詒讓《正義》：「凡儲聚禾米薪芻之屬，通謂之委積……蓋積本為露積之名，總言之凡倉　之屬亦稱積。」雲夢秦簡《倉律》規定禾萬石一積。「進人」就是向周王朝輸送供服役的人。〔註270〕連劭名認為積就是租，兮甲可能是負責全國稅收的最高官吏，掌管成周四方的稅收和南淮夷的貢賦。〔註271〕例4的「淮夷繇（舊）我帛　（賄）臣」與例3相似，都是說淮夷曾長期入貢於周朝。「反氒工吏」，郭沫若釋為背叛王官；〔註272〕董珊讀為「反氒工（貢）吏（事）」。〔註273〕《銘文選》讀逨為跡，「弗逨我東國」釋

〔註264〕黃盛璋：《駒父盨蓋銘文研究》，《金文文獻集成》第29冊，頁100。

〔註265〕朱鳳瀚：《士山盤銘文初釋》，《中國歷史文物》2002年1期。

〔註266〕黃錫全：《士山盤銘文別議》，《中國歷史文物》2003年2期。

〔註267〕董珊：《談士山盤銘文的「服」字義》，《故宮博物院院刊》2004年1期。

〔註268〕陳英傑：《士山盤銘文再考》，《中國歷史文物》2004年6期。

〔註269〕楊樹達：《積微居金文說》，《金文文獻集成》第25冊，頁200。

〔註270〕李學勤：《兮甲盤與駒父盨——論西周末年周朝與淮夷的關係》，《新出青銅器研究》，文物出版社，1990年，頁139。

〔註271〕連劭名：《兩件商代青銅器銘文新證》，《中國歷史文物》2009年6期。

〔註272〕郭沫若：《兩周金文辭大系圖錄考釋》，《金文文獻集成》第21冊，頁471。

〔註273〕黃盛璋：《駒父盨蓋銘文研究》，《金文文獻集成》第29冊，頁100。按，新出射壺銘文有「皇君尹叔命射嗣賓，乃事東（董）徵其工，乃事述」（朱鳳瀚：《射壺銘文考釋》，《古文字研究》第28輯，中華書局，2010年，頁224），其中「東（董）徵其工」的「工」似當讀為「貢」，《周禮・地官・縣師》有「以歲時徵野之賦貢」，是「貢」可言「徵」，可與師寰簋互參。

為「淮夷的叛變使我東國出現了不循王道理的事」。〔註 274〕

例 5 的器主「𤇈公」，裘錫圭認為是𤇈地的封君，銘文講述天命大禹治水，並為民立法立王，其內容與傳世《尚書・洪範》密切相關。銘文「[illegible]埶征」，李零解作「別方設征」，同《禹貢》「禹別九州，……任土作貢」含義相似。〔註 275〕例 6 高鴻縉把「雩之庶」讀為「與茲庶」，認為是王命毛公出使於外，並賜予眾隨從；尃讀為敷，訓為布，《詩・商頌・長發》:「敷政優優。」埶訓為「治」，楚讀為「胥」。〔註 276〕《尚書・多方》:「越維有胥伯小大多政。」于省吾《新證》:「越惟有小大胥役帛賦各種征調也。」〔註 277〕按，𤇈公盨「埶征」的「埶」和毛公鼎「埶小大楚（胥）賦」的「埶」同字，均應訓治。𤇈公盨「埶征」的「征」即政，當訓為賦，〔註 278〕《左傳・僖公十五年》:「征繕以輔孺子。」杜預《集解》:「征，賦也。」又《襄公十一年》:「各征其軍。」杜預《集解》:「征，賦稅也。」《周禮・天官・小宰》:「一曰聽政役以比居。」鄭玄《注》:「政，謂賦也。」《左傳・襄公二十五年》:「楚蔿掩為司馬，子木使庀賦，數甲兵。」楊伯峻《注》:「庀音痞，治也。賦，據下文，既有田澤牧畜之稅收，亦有供軍用之軍賦。此賦既有采邑之上繳於公者及庶民之被徵發者，亦有國家之本身收入。」又《國語・周語中》:「夫戎、狄……其適來班貢，不俟馨香嘉味，故坐諸門外，而使舌人體委與之。」韋昭《注》:「適，往也。班，賦也。舌人，能達異方之志，象胥之官。」總之，金文「埶征」、「埶小大胥賦」和《左傳》的「庀賦」相類，都是治賦。〔註 279〕

綜上可知，西周諸侯乃至周邊臣服的戎、狄都必須向周王貢獻布帛、糧食等物資，並提供服役人口。再回看本小節開頭所引學者觀點：

西周時期的貢賦制度主要是政治上的一種統治方式，表現了地方邦國對周

〔註 274〕馬承源主編：《商周青銅器銘文選》第 3 卷，文物出版社，1988 年，頁 307。

〔註 275〕裘、李等人觀點俱轉見於《近出西周金文集釋》（周寶宏，天津古籍出版社，2005 年）頁 178、208。

〔註 276〕高鴻縉：《毛公鼎集釋》，《臺灣師範大學學報》1957 年 1 期。

〔註 277〕轉見於劉起釪《尚書校釋譯論》（中華書局，2005 年，頁 1642）。

〔註 278〕此為馮時觀點，轉見於《近出西周金文集釋》（周寶宏，天津古籍出版社，2005 年）頁 245、246。

〔註 279〕《左傳・隱公十一年》:「鄭伯使卒出豭，行出犬、雞。」楊伯峻《注》謂百人為卒，二十五人為行。是為出賦之例。王貴民《試論貢、賦、稅的早期歷程——先秦時期貢、賦、稅源流考》（載入吳才麟、文明等主編《中國古代財政史研究》（夏、商、西周時期）中國財政經濟出版社，1990 年，頁 106、107）對先秦「賦」的演變有詳細討論，可參看。

邦在政治上臣服，而少有經濟意義。以往學者多從經濟的角度來考察這一問題，從而得出西周王朝在經濟上很大程度地依賴於地方邦國的結論。〔註 280〕

今仔細檢討其立論環節，至少有四點可商：

第一，盤銘的關鍵文句斷讀作「服眔（及）大虘（助）服，履服，六孳（粢）服」，〔註 281〕「服」僅訓為職事，欠妥。將例 1、2 對比可知，「服」可取、獻，盤銘第一個「服」後當點斷，「服」當如前引董珊訓解，包括職事和貢賦兩個方面。

第二，將燹公盨「埶征」的「征」釋為征伐，並據此認為《尚書‧禹貢》的「任土作貢」不確，禹作的是「征」，而非「貢」。〔註 282〕按，小臣謎簋（《集成》8.4238）有「賜師率征自五齵貝」，此「征」字顯然當訓「征收」，或以為即賦稅。〔註 283〕上博簡二《容成氏》第 19、20 簡記禹時，「四海之內及四海之外皆請𥘵（貢）」，〔註 284〕可見大禹作貢是古代盛傳之事。若僅僅因為燹公盨銘用了「征」字而非「貢」字就否認大禹作貢，根本不考慮古代征、賦、貢互訓的可能，立論有失偏頗。

第三，因「貢」字不見於卜辭和金文，「賦」字最早見於毛公鼎，從而推定「貢賦」是後世的詞語。〔註 285〕按，目前卜辭、西周金文雖不見「貢」字，但《說文‧貝部》:「貢，獻功也。從貝，工聲。」獻功見於大矢始鼎（《集成》5.2792）和史獸鼎（《集成》5.2778），銘作「獻工」，可見西周有「貢」。其實，功、𥘵、貢俱從工得聲，古人用「工」即可表示「貢」。

第四，文中有一段重要的推論，嚴重忽視了早期國家的運作特點，即「學者歷來都把西周時期的『貢』、『賦』納入國家財政的範疇去考慮，認為其是政府財政的主要來源。一個國家的財政支出，是為維持政權和執行社會職能的需要。然而從前文的分析來看，邦國進獻的物品都是當地的特產，且往往

〔註 280〕應萌：《金文所見西周貢賦制度及相關問題的初步研究》，中國社科院研究生院 2003 年碩士論文。提要。

〔註 281〕高鴻縉：《毛公鼎集釋》，《臺灣師範大學學報》1957 年 1 期，頁 3。

〔註 282〕應萌：《金文所見西周貢賦制度及相關問題的初步研究》，中國社科院研究生院 2003 年碩士論文，頁 10。

〔註 283〕商豔濤：《金文中的「征」》，《語言科學》第 8 卷 2 期，2009 年 3 月。

〔註 284〕馬承源　主編：《上海博物館藏戰國楚竹書（二）》，上海古籍出版社，2002 年，頁 265。

〔註 285〕應萌：《金文所見西周貢賦制度及相關問題的初步研究》，中國社科院研究生院 2003 年碩士論文，頁 14。

用於祭祀活動。以這些東西維持國家機器的運轉似乎令人難以接受」。〔註286〕按，這段論述至少有兩點可商：其一，西周「國之大事，在祀與戎」，祭祀開銷無疑是重要的財政支出，諸侯貢獻特產助祭，顯然是重要的財政來源。其二，即使邦國進獻的地方特產不足以維持國家機器的運轉，也不能就此推斷邦國貢賦的經濟意義不大。

從文獻記載看，春秋時期周室已經衰落，但諸侯仍須承擔周天子的賦、役。《左傳・昭公三十二年》記諸侯助周室營建成周，士彌牟負責測算土方、徒庸、餱糧並編制具體營建方案，然後「以令役于諸侯。屬役賦丈」，楊伯峻《注》：「隨國之大小，分嘱出役若干，完成工程若干丈。」《國語・魯語上》記魯國鬧饑荒，臧文仲如齊告糴，理由就是害怕「職貢業事之不共而獲戾」。由此可見，職貢具有實在的物質內涵。又《魯語下》：「分異姓以遠方之職貢，使無忘服也。」則諸侯貢獻的實物並非周室獨享，還須分賜給別的諸侯。這種賞賜，從政治角度看，是讓受賜者記得服從周室；但從經濟角度看，不妨說是互通有無的貿易。〔註287〕

再從金文分析，故宮博物院藏殿敖簋蓋銘（《集成》8.4213）有「戎獻金於子牙父百車」，其中的「子牙父」，或說為穆王時期的「君牙」，或說為鮑叔牙（當魯莊公時期，前693～前662年）。〔註288〕因此，子牙父的時代即使不在西周，也去西周不遠。子牙父都能得到戎族獻銅百車，則西周王室應當能得到更多獻銅。《左傳・宣公三年》：「貢金九牧，鑄鼎像物。」《尚書・禹貢》記揚州、荊州之貢有「金三品」，《周禮》記內府掌「四方之幣獻之金玉」。可見有諸侯向王室獻銅。〔註289〕金文中屢有周王及王朝卿士將「金」賞賜給下

〔註286〕應萌：《金文所見西周貢賦制度及相關問題的初步研究》，中國社科院研究生院2003年碩士論文，頁16。

〔註287〕董珊《任鼎新探——兼說亢鼎》（《黃盛璋先生八秩華誕紀念文集》，中國教育文化出版社，2005年，頁168）論述道：「西周的商品經濟活動，不僅通過『買』和『賣』的方式來進行，不同階層之間的『貢獻』和『賞賜』活動也是重要的商品交換形式。」這與《國語・周語上》「夫王人者，將導利而布之上下者也」暗合。

〔註288〕吳鎮烽：《金文人名彙編》（修訂本），中華書局，2006年，頁31。

〔註289〕李學勤《戎生編鐘論釋》（《文物》1999年9期）認為，戎生編鐘四號鐘「嘉遣鹵積，俾譖征繁湯，取厥吉金」，是前740年左右晉國派遣大批車隊運輸食鹽到河南東南隅銅錫集散地繁陽交換銅料。該文對於先秦銅料的產地、交易情況有比較詳細的討論，可參。

一級貴族的記錄，〔註 290〕茲選錄如下：

1. 小臣守簋（《集成》8.4179）：「王使小臣守使於夷，賓馬兩、金十鈞，守敢對揚天子休令。」

2. 禽簋（《集成》7.4041）：「王賜金百鋝。」

3. 柞伯簋：「王則畀柞伯赤金十鈑。」〔註 291〕

4. 多友鼎：「（武公）賜汝圭瓚一，湯鐘一肆，鐈、鋚百鈞。」

《說文．金部》：「鈞，三十斤也。」準此，則例 1 賜銅有三百斤，而多友鼎的貴金屬賞賜多達三千斤。〔註 292〕由此可見，周王對臣下的賞賜無疑是一筆巨額開銷，如果沒有諸侯入貢，這個「國家機器」恐怕很難正常運轉。《史記．周本紀》記營建成周的目的為「四方入貢道里均」，李學勤指出，「成周為天下之中，這是地理意義的，也是政治意義的，因為成周是東都，是周朝向四方爭取貢納的中心，四方入貢的財物都要輸送到那裡，道里均等」。〔註 293〕總之，西周時期各諸侯國必須向周王室貢獻財物，提供服役人口；諸侯的服貢不僅具有政治意義，而且對王室來說還具有實在、重要的經濟意義。〔註 294〕

以上是從宏觀的層面——諸侯、國族的角度，討論諸侯與周王室之間的賦納關係；下面準備從微觀層面——家族、家庭的角度，討論西周王畿內的賦納關係，這也是歷來研究西周田制、稅制的學者爭論最激烈的問題。

〔註 290〕據張亞初《談多友鼎銘文的幾個問題》（《金文文獻集成》第 28 冊，頁 522）考證，金文中賜金的材料有五十多條。

〔註 291〕王龍正、姜濤等：《新發現的柞伯簋及其銘文考釋》，《文物》1998 年 9 期。

〔註 292〕張亞初：《談多友鼎銘文的幾個問題》，《金文文獻集成》第 28 冊，頁 522。

〔註 293〕李學勤：《兮甲盤與駒父盨——論西周末年周朝與淮夷的關係》，《新出青銅器研究》，文物出版社，1990 年，頁 139。

〔註 294〕劉雨《西周金文中的「周禮」》（《金文論集》，紫禁城出版社，2008 年，頁 143）指出：「周王與邦君諸侯頻繁地舉行射禮並打魚射雁，絕非僅為遊藝娛樂，主要想通過這些活動觀察動靜，考察其忠順程度，進而決定或安撫或鎮壓的政策。《禮記．射儀》：『此天子之所以養諸侯而兵不用，諸侯自為正之具也。』一語道破設置這一禮儀的政治目的。」據此，諸侯在射禮、饗燕禮等場合恭順，是臣服於周室的政治表現；而貢獻物資、人力，則是諸侯臣服於周室的經濟表現。王貴民《試論貢、賦、稅的早期歷程——先秦時期貢、賦、稅源流考》（載入吳才麟、文明等主編《中國古代財政史研究》（夏、商、西周時期）中國財政經濟出版社，1990 年，頁 100）說：「卜甲卜骨數量大，與王室占卜頻繁相應，此類貢品屬於宗教性質，很少經濟意義。」前引應萌說可能受此觀點影響，並擴大了其外延，用以描述西周的供納關係；現在看來，這種擴大化是不符合實際的。

首先，扼要介紹商周家族的結構狀況。關於商周家族形態，林澐曾有一段精闢的論述：

> 從甲種子卜辭的簡略記載中，可以看出，家族是有自己的土地、牲畜和住宅的。
>
> 家族內部諸成員和族長的關係，是**君臣**關係。《左傳·哀十一年》紀魯國三分公室之後，「孟氏使半為臣，若子若弟」，《左傳·桓二年》：「士有隸子弟」。可見，子弟對族長的關係，至少是半奴隸性的。族長操縱家族的全部財產權，家族成員所得的一份，至少在名義上必須受賜於族長。〔註295〕

上引論斷已為學界廣泛接受，是討論西周家族關係的基礎。朱鳳瀚結合文獻和考古資料對西周貴族和庶民的家族狀況進行了深入研究。他據陝西永壽縣出土的西周晚期逆鐘銘（《集成》1.60-3）指出，一個貴族家族中至少有一部份支族尚未獨立出來，但又各自為一個相對獨立的居住單位，逆鐘的叔氏家族是大宗本家和支族聚居。至於庶民，「雖然以不小於大型伸展家族規模的父系家族為土地佔有單位和生產單位，核心家族或直系家族之類小型伸展家族尚未在經濟上成為獨立單位，而且此種父系家族由於共耕、共同佔有土地，則必然採取共居的居住方式，但在這樣的家族中，核心家族或小型伸展家族亦是不可忽視的，他們是最基本的生活居住單位」；庶民家族中也存在等級差別，族長地位高於一般族人；庶民中擁有戰士身份的人很少。〔註296〕裘錫圭基本贊同朱說，並據不𡢁簋銘、《侯馬盟書》「納室」等資料進一步指出：

> 從情理推測，諸「小子室家」的經濟情況不可能完全一致，其中至少有一部份應該是有「自己的獨立經濟」的。當然，在宗法制度下，這種獨立只能是相對的。小宗之長對他所得到的那部份土田等生產資料的支配權，無疑是要服從於大宗宗子對整個宗族的財產的支配權的。

〔註295〕林澐：《從武丁時代的幾種「子卜辭」試論商代的家族形態》，《古文字研究》第1輯，中華書局，1979年，頁326、327。至於晚商時期乃至西周早期的宗族組織和社會結構，可參裘錫圭《關於商代的宗族組織與貴族和平民兩個階級的初步研究》（《文史》第17輯，中華書局，1983年，頁1～26）。

〔註296〕朱鳳瀚：《商周家族形態研究》（增訂本），天津古籍出版社，2004年，頁303、419、423。曹發展、陳國英：《咸陽地區出土西周青銅器》，《金文文獻集成》第22冊，頁469。

我們認為在這些提法裏，〔註 297〕「**貴族宗子所有**」的提法最好。宗子指宗族之長，周王就是全國最高的宗子，……把由貴族內部各級宗子對財產的支配權歪曲地表現出來的貴族宗族共有（這種共有不消說是很不完整的）稱為「貴族宗子所有」，應該說是比較妥當的。……因為宗子是宗族的代表，他不是以個人身份來支配宗族財產的。我們所以**不主張**用有些學者提出的「貴族**宗族**所有」的提法，是由於這樣會把宗法制度下的所有制跟比較原始的宗族**共有制**混同起來。〔註 298〕

以上學者論述的商周家族概況，可從雲南獨龍族的社會史料中找到參證。據學者介紹，直到 1949 年解放前夕，獨龍族還處於原始社會末期父系氏族中的家庭公社解體階段，現將有關資料選錄如下：

1. 社會概況

分佈於獨龍河谷四個行政村中的家庭公社，在其全盛時期有辛根木、龍棍、白麗、孔當、馬庫等五十四個，它們就分屬於姜木雷、凱而俗、木仁等十五個稱之為「尼柔」的氏族。家庭公社，獨龍語稱為「吉可羅」或「其拉」，意即**一個父親**所生的數代子孫和他們的妻子的共同體。

2. 住房

這種大房子面積約一百六十平方米，屋內兩邊用竹席隔成十多個小間，他們稱之為「得厄」，一對夫妻及其子女占一間。每個「得厄」中央設一火塘，用以取暖和燒煮食物，在周圍鋪上樹皮或竹板，作為睡眠和接待客人的地方。兩排「得厄」中間是一條較寬的走廊，走廊兩端各開一門，有木梯供上下。這類房子就是一個家庭公社的住宅。

〔註 297〕侯外廬：《中國古代社會史論》（人民出版社，1955 年，簡稱《史論》）、《中國思想通史》（人民出版社 1957 年，簡稱《通史》）。其提法分別是：土地氏族國有、氏族貴族的土地國有、土地的氏族宗長專有制（《史論》頁 29、101、114）；不但土地是國有形態（貴族宗子所有），生產者也是國有形態（《史論》頁 181）；在周代是土地國有制，即氏族貴族的所有制（《通史》頁 14）。

〔註 298〕裘錫圭：《從幾件周代銅器銘文看宗法制度下的所有制》，載《裘錫圭學術文化隨筆》，中國青年出版社，1999 年，頁 202。山西省文物工作委員會：《侯馬盟書》，文物出版社，1976 年，頁 39～40。

3. 家庭規模

獨龍族一個家庭公社成員約有數十人。例如 1940 年第四村殘存的辛根木．嫩．汀家就還有三十二人。可以推斷，在家庭公社的全盛時期，人數可能更多一些。家庭中除一個祖父所生的三、四代子孫和他們的妻子外，有的已養有奴隸。

4. 家長

每個家庭公社有個家長，稱為「卡桑」，由年長和輩分較高，通曉本民族歷史和習慣法，並善於辭令的男性擔任。「卡桑」是自然形成的，不需經過選舉產生。他的職能，對內領導和指揮生產，教育青少年，料理青年的婚嫁，調節糾紛，負責祭祀神靈等。對外，以家庭公社財產所有者的資格，與其他家庭公社或其他民族進行交換，以及向藏族、納西族土司和國民黨反動政府繳納貢賦。若遇兩個家庭公社成員發生糾紛時，兩個家庭公社的家長便出面調解和處理。家長由於掌握經濟大權，往往呆在家中處理大小事務，雖未完全脫離勞動，但主要的是靠他人的勞動收穫過活。

5. 土地所有形態

夥有共耕，獨龍語稱為「奪木奢」，形式是由家庭公社中處在游離狀態的小家庭，以錯綜的多角關係形式，共同佔有一塊耕地，共同出籽種共同耕作，收穫物則按戶平均分配。獵物也有平均分配的。解放前夥有共耕地在第一、二、四三個行政村中約占耕地面積的百分之五十，成為獨龍族土地所有制的主要形態。這種夥有共耕的形式，實際上既是小家庭尚無力完全脫離家庭公社而獨立的表現，又是小家庭開始小土地勞動的一種過渡形態。

6. 婚姻和遺產繼承制度

實行氏族外婚制。在家庭公社內和近親家庭公社之間不能通婚。家庭中只有家長多妻，其他男子基於經濟原因，都以一妻為滿足。隨著夫權的滋長，為了確保子女出自一定的父親以便繼承遺產，妻子必須恪守貞操，如和他人發生性行為，丈夫有權處罰妻子和責令姦夫殺豬、雞賠禮。為了防止財產轉移，家庭公社內盛行轉房。〔註 299〕

〔註 299〕楊鶴書、陳啟新：《獨龍族父系氏族中的家庭公社試析》，《文物》1976 年 8 期。

從上面的引述可知，西周時期的貴族、庶民，多以宗族族團的形式存在；當時家族內外都有等級分化，重要的社會活動如生產動員、民役徵調、狩獵祭祀等等，都要通過家族長進行組織；西周的土地實行貴族宗子所有制。

其次，關於耤、徹的爭論。關於西周取民之制，學者引用最多的就是《孟子·滕文公上》的一段話，茲移錄於下：

> 夏后氏五十而貢，殷人七十而助，周人百畝而徹，其實皆什一也。徹者，徹也；助者，藉也。

上面這段話，鄭玄注《周禮·匠人》時曾引用，並解釋說：「周制，畿內用夏之貢法，稅夫無公田。……邦國用殷之助法，制公田不稅夫。貢者，自治其所受田，貢其稅穀。助者，借民之力以治公田，又使收斂焉。畿內用貢法者，鄉遂及公邑之吏，旦夕從民事，為其促之以公，使不得恤其私。邦國用助法者，諸侯專一國之政，為其貪暴，稅民無藝。周之畿內，稅有輕重。諸侯謂之徹者，通其率以什一為正。」〔註300〕依鄭玄的說法，西周王畿用「貢」，邦國用「助」，「徹」非取民之法，而是各諸侯國通行什一稅之意。顧炎武的看法與鄭玄有別，顧氏說：「蓋三代取民之異，在乎貢、助、徹，而不在乎五十、七十、百畝。其五十、七十、百畝，特丈尺之不同，而田未嘗易也。故曰：『其實皆什一也。』」〔註301〕揣摩顧炎武的說解，包含兩層意思：其一，三代稅率不變；其二，貢、助、徹都是取民之法，但其形式不同。關於先秦庶民的負擔率，經濟史學者曾作過擬測，茲錄於下：

> 按傳統的說法，西周實行「什一而藉」，即私田和公田的比例為10：1，這在一定程度上也可以視為必要勞動和剩餘勞動的比例；則剝削率為10%。這個剝削率的計算顯然是不夠準確的，因為從《詩經·七月》等記載看，西周農民除公田勞役以外，還要負擔其它的繁重勞役。例如其它勞役為公田勞役的1～2倍，則必要勞動和剩餘勞動的比為10：2～10：3，剝削率為20%～30%。這大致不會太過離譜。〔註302〕

〔註300〕〔清〕孫詒讓：《周禮正義》，中華書局，1987年，頁3484。

〔註301〕〔清〕顧炎武著，黃汝成集釋，秦克誠點校：《日知錄·其實皆什一也》，嶽麓書社，1994年，頁254。

〔註302〕李根蟠：《從銀雀山竹書〈田法〉看戰國畝產和生產率》，《中國史研究》1999年4期。

戰國中山王方壺銘（《集成》15.9735）「作（籍）斂中，則庶民附」，〔註 303〕可見先秦已有統治者認識到取民不能太過。因測算剝削率需要大量數據，但資料缺乏，茲不具論。至於貢、助、徹的訓解，貢詳前文；助，孟子說是「藉」，〔註 304〕即耤，見於卜辭，相對清楚；但徹的涵義，孟子只用「徹」字作解，爭議最大。

關於西周稅制，學界曾有集中討論。1987 年 5 月中下旬，中國財政部科研所主辦的全國首次財政史學術討論會在武漢市舉行。來自歷史學、財政學、考古學等領域的三十多位專家出席會議，集中討論了夏、商、周的財政制度及其發展演變。會議論文後來以《中國古代財政史研究》（夏、商、西周時期）為名集結出版，〔註 305〕建國以來關於西周稅制的爭論幾乎都能在該書中找到線索。接下來我們將循著該書留下的線索，選介有關「徹」法的討論。

岑仲勉在前引鄭玄觀點基礎上指出，周代貢、助、徹三法並行；貢法包括諸侯對天子的貢和直接生產者對領主的貢納，後者有一定的比例，猶經濟學家所謂的實物地租；助耕公田即近代所謂力役地租，與貢法並行。岑氏列有諸家對「徹」的訓釋意見，茲移錄於下：

> （1）趙岐孟子注：「耕百畝者徹取十畝以為賦，……徹猶取，人徹取物也。」求其實仍是什一，惟訓「徹」為「取」，則孫詒讓已辯稱「貢助亦何非取於民，而徹乃獨專此名。」（《籀膏述林．徹法考》）
>
> （2）鄭玄公劉箋及論語注：「什一而稅謂之徹」，但論語注跟著又說：「徹，通也，為天下之通法」，跟後漢書陸康稱：「徹者通也，法度可通萬世而行也」，大同小異。
>
> （3）廣雅釋詁二，徹，稅也。
>
> （4）朱熹孟子集注：「周時一夫授田百畝……耕則通力而作，收則計畝而分，故謂之徹。……惟助法乃是九一而商制不可考。周

〔註 303〕朱德熙：《朱德熙文集》第 5 卷，商務印書館，1999 年，頁 101。先秦薄斂之說還見於《逸周書．大聚》「關市平商賈歸之，分地薄斂農民歸之。水性歸下，民性歸利。王若欲來天下民，先設其利，而民自至。譬之若冬日之陽、夏日之陰，不召而民自來」。

〔註 304〕上古音助為崇母魚部字，昔為心母鐸部字，二字韻則魚鐸對轉，聲母俱為齒音，音近可通。

〔註 305〕吳才麟、文明等主編：《中國古代財政史研究》（夏、商、西周時期），中國財政經濟出版社，1990 年。

制則公田百畝，中以二十畝為盧舍，一夫所耕公田，實計十畝，通私田百畝為十一分而取其一。」金鶚周徹法名義解釋「徹」為「通力合作」，即本自朱注。

岑氏認為鄭玄既說「徹」為天下通法，又說其法行於邦國而王畿不用，自相矛盾；最後採用鄭玄徹為「什一」說。〔註 306〕

徐喜辰認為，西周「野」實行「助法」，是商代公社的殘留；要弄清徹法的內容，須從當時國、野關係中尋找線索；「徹」似為周族方言，徹取公社土地的十分之一作為「公田」，謂之徹；《公劉》鄭箋的「什一而稅謂之徹」較確。〔註 307〕

何茲全據《尚書・多方》「今爾尚宅爾宅，畋爾田」指出，周人與殷遺組成以氏族部落為基礎的部落國家；殷人居野，行助法，即「啟以商政」，國、野田制有別。〔註 308〕

王貴民據《左傳・昭公十三年》子產爭承時說「卑而貢重者，甸服也」，指出甸服的貢重，是源於王田的剝削制度。商周時期有兩種性質不同的「籍田」。一種是什一而籍之田。一種是貴族利用奴隸勞動耕作的田莊，實行集體和監督的勞動，收穫物全部歸田主所有，不存在九一或什一的分成問題，這是當時主要的經濟剝削形態。史學界曾認為「耤法」視為封建制的勞役地租或奴隸制剝削農業奴隸的方式，因為這種觀點把國家財政稅收和剝削形態混為一談，把古代中國實際存在兩種性質不同的「籍田」混為一談，所以是不能成立的。〔註 309〕

〔註 306〕岑仲勉：《貢、助、徹的涵義及怎樣施行》，載入吳才麟、文明等主編《中國古代財政史研究》（夏、商、西周時期）中國財政經濟出版社，1990 年，頁 147～155。

〔註 307〕徐喜辰：《論三代井田與貢、助、徹》，載入吳才麟、文明等主編《中國古代財政史研究》（夏、商、西周時期）中國財政經濟出版社，1990 年，頁 36～52。

〔註 308〕何茲全：《周代土地制度及其演變》，載入吳才麟、文明等主編《中國古代財政史研究》（夏、商、西周時期）中國財政經濟出版社，1990 年，頁 26、28。

〔註 309〕王貴民：《試論貢、賦、稅的早期歷程——先秦時期貢、賦、稅源流考》，載入吳才麟、文明等主編《中國古代財政史研究》（夏、商、西周時期）中國財政經濟出版社，1990 年，頁 104、116、117。吳榮曾《周代的農村公社制度》（《先秦兩漢史研究》，中華書局，1995 年，頁 19～55）說：「在西周時農民給國家或貴族種公田乃是一種必須盡的義務，實際上是一種徭役租稅。由於當時土地還是國有的，國稅和地租是合二為一的。農民在公田上所投的勞動既代表地租，又算是向國家交的國稅。」吳說很能代表一部份學者的看法，但所謂的「農村公社」，其實當由家族屬民構成，鄙、邑內部當有嚴格的族屬關係，似不宜用地方共同體稱之。

今按，《尚書・禹貢》:「五百里甸服：百里賦納總，二百里納銍，三百里納秸服，四百里粟，五百里米。」〔註 310〕這種安排涉及糧價和運費的均衡問題，可參下列九條材料：

1. 《孫子・作戰》:「故智將務食於敵，食敵一鍾，當吾二十鍾，萁稈一石，當我廿石。」

2. 《管子・八觀》:「粟行於三百里，則國毋一年之積；粟行於四百里，則國毋二年之積；粟行於五百里，則眾有饑色。」

3. 《史記・貨殖列傳》:「諺曰：『百里不販樵，千里不販糴。』」

4. 《史記・秦始皇本紀》:「郡縣轉輸菽粟芻稿，皆令自齎糧食，咸陽三百里內不得食其穀。」

5. 《國語・吳語》:「今吳民既罷，而大荒薦饑，市無赤米，而囷鹿空虛，其民必移就蒲嬴於東海之濱。」

6. 《周禮・廩人》:「若食不能人二鬴，則令邦移民就穀。」

7. 《孟子・梁惠王上》:「河內凶，則移其民於河東，移其粟於河內。」

8. 《漢書・高祖上》:「關中大饑，米斛萬錢，人相食。令民就食蜀漢。」

9. 《左傳・僖公十三年》:「秦於是乎輸粟於晉，自雍及絳相繼，命之曰泛舟之役。」楊伯峻《注》:「自雍及絳，蓋沿渭河而東，至華陰轉黃河，又東入汾河轉澮河。」

例 1～4 都涉及糧食運輸成本問題。一般情況下，糧食重量大而價值低，若長途運輸，其耗費可能高於糧價，得不償失。〔註 311〕例 5～8 讓人民流動就食，可減少運糧困難。例 9 是先秦大規模長途水運糧食的顯例，稱作「役」，可見其工程之浩繁。

綜合上述，可對「貢」、「助」、「徹」進行簡單的總結。關於貢，各貴族家

〔註 310〕劉起釪《尚書校釋譯論》（中華書局，2005 年，頁 831）翻譯為：「規定在天子國都以外五百里的地域稱為甸服。其中離國都一百里內的要繳納連著稭穗的整捆的禾，二百里內的要繳納禾穗，三百里內的要繳納去掉了稭芒的穗，四百里內的要繳納穀粒，五百里內的要繳納米粒。」

〔註 311〕今四川瀘州地區還有一句俗語「豆腐搬成肉價錢」，道理是一樣的。

族須向周王貢獻物品，譬如大保簋記周王獎掖召公「𢍰（長）享于乃辟」，享就是貢獻。召公尚且如此，則其他貴族亦不例外。參考例1～9，可知周人制定貢法須考慮運輸成本對供納人負擔狀況的影響，亦即孔子所謂的「籍田以力，而砥其遠邇」。蓋緣於此，遠方諸侯大多只向周室貢獻布帛、貨賄及銅料等貴重物品，而不像後來的朝代那樣往中央政府運輸糧食。〔註312〕

關於「耤」，還是前引王貴民的觀點比較可信。其他學者的爭辯多在鄭玄的注解裏糾纏，但鄭說也有問題，譬如說邦國通行助法的原因是諸侯專一國之政，周王為了防止諸侯稅斂過重而要求邦國行助法。從邏輯上講，這顯然是矛盾的，既然諸侯專一國之政，就應當有權決定在邦國內行助法或貢法。史載太公、伯禽治國方略迥異，可為參證。從金文土田賞賜、轉讓中經常附隨有人口賞賜、轉讓這一點看，人口大多隨土地一起轉讓（如季姬方尊、大克鼎），這些人本身就是貴族的財富，其耕穫物品應當亦受領主的支配。王貴民將這種情況說成是貴族利用奴隸耕作的田莊，〔註313〕比較可信。這種「耤」，無論在周王的土地上，還是在王朝卿士的土地上，都是比較普遍的。

關於「徹」，肇始於孟子，之後沒有人能將其完全解釋圓通。趙岐說是「人徹取物也」，從亳鼎記公侯賜給亳某地土與禾來看，商周貴族確實可能徹取一塊長滿禾黍的土地賜予下級貴族。這是否即所謂的西周徹法，待考。

最後，附說《孟子》的田制方案。茲將《孟子》典型論述選錄如下：

> 《梁惠王上》：「是故明君制民之產，必使仰足以事父母，俯足以畜妻子，樂歲終身飽，凶年免於死亡。」
>
> 《滕文公上》：「方里而井，井九百畝，其中為公田。八家皆私百畝，同養公田。公事畢，然後敢治私事。」
>
> 《盡心上》：「五畝之宅，樹牆下以桑，匹婦蠶之，則老者足以衣帛矣。五母雞，二母彘，無失其時，老者足以無失肉矣。百畝之田，匹夫耕之，八口之家足以無饑矣。」

馬曜對孟子的方案曾作過扼要的論述，很有代表性，茲錄如下：

〔註312〕王貴民《試論貢、賦、稅的早期歷程——先秦時期貢、賦、稅源流考》（載入吳才麟、文明等主編《中國古代財政史研究》（夏、商、西周時期）中國財政經濟出版社，1990年，頁100）引馬伯樂說「在研究最重要的隸屬因素即稅收制時，我們發現向國王納的貢是寶富的稀有之物」。

〔註313〕「田莊」一詞還需斟酌，暫且用之。

> 《孟子》把《詩．大田》記載分佈在國中的「公田」和在「野」里位於「私田」之中只有一百畝的「公田」混同起來了。西周的「公田」有分佈在國中周王的藉田和貴族的直屬領地。《詩經》中的《風》、《雅》、《頌》大多反映國中的情況。《周頌．載芟》就是家族公社共耕的詩。而《孟子》所說的「公田」則在野中，類似西雙版納的「波郎田」和「頭人田」。
>
> 但《孟子》的確點出了周初井田制的本質，即「鄉里同井」的農村公社土地集體**所有制**；(八家)「皆私百畝」的私人**佔有**的份地制；(八家)「同養公田」的勞役**地租**制。這種公社還保持著「出入相友，守望相助，疾病相扶持」的原始習慣法。如果我們剝去《孟子》給井田加上戰國時代國家授田制的外衣，也不去斤斤計較「井」的面積大小，戶數多寡，「公田」和「私田」的比例，「公田」的位置，等等，那麼，周初生產關係的內核——井田制便顯露出來了，它確乎是自然形成的農村公社剛進入階級社會不久〔的〕一種土地制度。
>
> 西周的土地所有制，表現為分封制下形成的「受(授)土受(授)民」的貴族土地**等級佔有制**和農村公社「世襲的佔有者」事實上的共存。前者以後者為基礎，作為「最高所有者或唯一的所有者」的周王是在一切小共同體之上形成的「總和的統一體」。〔註 314〕

對於上述論斷，我們有四點不同的看法：

第一，孟子的方案本來就很簡略，如果我們還要「剝去」授田制的外衣、「不去斤斤計較」戶數、比例等因素，則孟子的方案就被架空了。

第二，西周有王田、貴族田、庶民家族份地等私田，〔註 315〕也有用於救

〔註 314〕馬曜：《井田制研究的卓越貢獻——讀徐中舒先生關於井田制的論述》，《馬曜文集》第 1 卷，雲南人民出版社，2008 年，頁 541、542。「世襲的佔有者」、「總和的統一體」，馬曜出注引自《馬克思恩格斯全集》第 46 卷，頁 473。

〔註 315〕何茲全《周代土地制度及其演變》（載入吳才麟、文明等主編《中國古代財政史研究》（夏、商、西周時期）中國財政經濟出版社，1990 年，頁 19）說：「我的想法，王有是國有又不是國有。周王是國家代表人，從這一點說，王有就是國有。但周王是最高的貴族，王有仍是貴族所有。周代的周王、諸侯、貴族土地所有制是一種私有制，實質就是貴族土地所有制。」又說領有權和所有權的區分，是後世地租、地稅分化以後才產生的；西周租稅未分，領有即所有（同書頁 15）。

濟、祭祀、軍事等公共開支的耤田、糧田，不宜將耤田直接等同於周王之田。

第三，西周的父系大家庭隸屬於宗族，而整個宗族又服屬於比自身強大的異姓宗族（中器銘「茲褔人入事，賜於武王作臣」）。這種臣服於異姓宗族的家族，可簡稱為服族（金文有「服子」、「服夷」），而接受其臣服的宗族，可簡稱為主族；服族要為主族提供物資及可供役使的勞動人口，如佃人、佃臣等。

第四，西周以父系大家庭為耕作單位，結合金文土田轉讓和土田爭訟的事例考察，西周土地應當為家族族團所有、宗子支配，亦即貴族宗子所有制。「農村公社土地集體所有制」說將鄙、邑看作「地方共同體」，似無法解釋當時大量貴族還以宗族形式存在，並分族佔有土地，而鄙、邑庶民卻遊離於宗族之外，成為不分族屬的共耕共有的地方共同體成員。

再檢討《孟子》，不難發現其田制、稅制方案都是以戰國小家庭（八口之家）為出發點設計的，這和西周時期的家庭結構、社會組織方式都有很大的距離；而且孟子的方案要讓百姓「樂歲終身飽，凶年免於死亡」，是「仁人」政治，明顯具有理想成份。因此，用《孟子》的田制方案套合西周田制，不免枘圓鑿方，與西周史實相去甚遠。

本章小結

本章主要討論金文中的土田管理，通過土田管理職官、西周的圖典、金文中的土田爭訟、西周的耤田和胥賦等專題討論，我們獲得以下幾點認識：

1. 西周已有比較系統的土田管理職官，農田、林地、陂澤、苑囿均有專官管理，其中有關「司徒」的材料最多。司徒中既有地位顯赫的王朝卿士（如宰獸簋的「榮伯」），也有地方諸侯國的司徒（如散氏盤的「𤔲土屰□」），甚至還有和「邑人」並列的邑落層次的司徒（如三年衛盉的「𤔲土散邑、𤔲馬單旟、𤔲工邑人服」）；司徒既管理人口，又管理農業生產。這表明西周的「司徒」事實上已形成職官系統。司陂、守堰等職官的存在則表明當時對「水」的管理和利用已到「自覺」的程度。司林、司囿等職官的存在則表明林業、狩獵在西周經濟中還有比較重要的地位。

2. 從銅器中有關土田疆界、俘虜人口數的詳細記錄以及古文中有關「圖」、「典」的資料分析，西周已經存在統計土地、人口的圖典制度；《周禮》等古書記載的「版圖」制度淵源有自，而不是後人向壁虛造之物；圖籍藏於宗廟「圖室」，由此我們可以想見周人對「圖」、「典」的重視。

3. 西周已存在龐大的理訟系統。金文中多次出現周王要求大臣訊訟「不敢不中不井（型）」的辭例，這表明周人重視獄訟。再結合文獻考察金文中的訴訟事例，西周似乎已經產生某些特定的理訟原則——**屬地管轄原則和專屬管轄原則**，這些原則和聽訟人須熟悉爭訟雙方的情況，以便作出合乎當時「中」、「型」觀念的判決的現實要求是一致的。周人通過訴訟解決土田糾紛的事例再次表明，當時「土田」屬於財富的觀念已經比較發達，而且至少在貴族這一社會層面，人們對於土田的權利受到官方乃至周王的承認和保護。

4. 西周「耤田」與商代的「耤」應當存在某種聯繫，卜辭「耤」字的本義為耕種；從語法角度看，令鼎「大耤農」應理解為「大使農耤」，也就是廣泛地使農民耕種。西周耤田收穫用於祭祀、布施民人等（至少在名義上是這樣），因此耤田不能直接等同於周王之田。從宏觀的層面考察，西周存在「貢」制（金文用「工」字表示「貢」），即諸侯必須向周王貢獻布帛、糧食等物資，並提供服役人口。從微觀的層面考察，西周時期的貴族、庶民，多以宗族族團的形式存在；當時家族內外都有等級分化，重要的社會活動如生產動員、民役徵調、狩獵祭祀等等，都要通過家族長進行組織；西周的土地制度實行**貴族宗子所有制**。

《孟子》所謂的貢、助、徹三法當中，貢法和助法在周代是確實存在的；至於徹法，待考。《孟子》的田制、稅制方案都是以戰國小家庭（八口之家）為出發點設計的，這和西周時期的家庭結構、社會組織方式都有很大的距離；不能用《孟子》的方案套合西周田制。

結　語

西周金文是研究西周史的第一手資料，對於探索當時的歷史真相具有重要價值。本文將西周土田類金文從西周金文資料中分離出來，作為相對獨立的研究領域，探討其中涉及的西周土田問題。

從文獻整理的角度考慮，本文安排了第一章。雖然對西周土田類金文進行斷代和辨偽，與後文現有的專題討論聯繫並不緊密，但是對筆者來說，這無疑是一次很好的技術性訓練；從長遠看，也為進一步討論西周土地問題作了較好的準備。

通過對西周金文中土田封賜、土田轉讓、土田管理等問題的討論，我們得到了一個總的印象：雖然無法從金文系統瞭解各級貴族的土田佔有狀況，但土田在西周已是可貴的財富則是毋庸置疑的；采邑、賞地、祿田、糧田等名目的存在表明，當時土田的社會屬性已有分化，西周的土地關係比較複雜；西周已有大量的職官從事土田權利、土田生產管理，與此相應，比較細密的統計土田和人口的圖典制度已經建立；周人重視農業生產，籍禮具有生產動員的屬性；貢、助是西周財政體制的重要組成部份；西周人多以宗族族團的形式存在，家族長在社會生活中佔有支配地位，從這個角度看，本文贊同西周土地貴族宗子所有制這一觀點；西周田制內容比較豐富，不能用《孟子》的井田方案作簡單的套合。

總之，本文利用可靠的金文材料去探索西周的土田問題，由此得到的歷史圖景雖然並不宏闊、全面，甚至連局部的場景也很模糊，但我們堅信這是非常必要的工作。

附錄：金文校讀四則

一、曶乃每于䭫□虎□舍䵼矢五秉

曶鼎銘文中有一段文字，郭沫若的釋文如下：

> 吏（使）寽㠯（以）告䭫，乃卑（俾）□㠯（以）㫚酉（酒）彶（及）羊，絲三寽，用䢅（致）𢆶人。㫚乃每（誨）于䭫□〔曰〕：「□〔汝〕□〔其〕舍䵼矢五束。」曰：「弋（必）尚卑（俾）處氒邑，田□〔氒〕田。」〔註1〕

這段銘文講述的是曶與另外一個貴族在訴訟結束階段的某些行為。釋文中「□」表示銘文殘損，方括號裏的字是郭沫若據文意擬補的。郭沫若釋為「㫚」的那個字，其實就是「曶」字。〔註2〕

銘文中「曶乃每于䭫□□□舍䵼矢五束」一句話比較費解，焦點在於三個殘損字的擬補和釋讀。據筆者統計，除上引郭沫若將之擬補為「曰汝其」之外，〔註3〕該句還有三種頗具代表性的擬補方案，而對部份字詞的釋讀也存在差異，茲分述如下：

〔註1〕郭沫若：《兩周金文辭大系圖錄考釋》，載入劉慶柱、段志洪等主編《金文文獻集成》第21冊，線裝書局2005年，頁446。

〔註2〕裘錫圭：《談談隨縣曾侯乙墓的文字資料》，《文物》1979年7期。

〔註3〕陳夢家《西周銅器斷代》（中華書局，2004年，頁198）、孫常敘《曶鼎銘文通釋》（《金文文獻集成》第28冊，頁438）、陳連慶《曶鼎銘文研究》（東北師範大學出版社，1988年版，頁26）、張亞初《殷周金文集成引得》（中華書局，2001年，頁55）、張經《曶鼎新釋》（《故宮博物院院刊》2002年4期）、劉傳賓《西周青銅器銘文土地轉讓研究》（吉林大學2007年碩士學位論文，頁28）均從郭說。

阮元釋寫作「曶乃每（悔）于質□□□舍䜌大五秉」，並說「曶與䜌得直，效父乃悔于質也」。〔註4〕揣其文意，「悔」當即悔過之義。

譚戒甫釋寫作「䂂乃每（謀）于𤔲□［曰］：『□［我］□［其］舍𩰫矢五秉』」，並說「曰下數句即是所謀的事。」〔註5〕

李學勤釋寫作「曶乃每（誨）于𤔲□次□舍𩰫矢五秉」。〔註6〕未作進一步解釋。

今按，阮元釋為「質」、「䜌」的那兩個字，現在一般隸定作「𤔲」、「𩰫」，是人名；阮元釋為「大」的那個字，當釋為「矢」；至於「矢」的數量是「五秉」還是「五束」，不影響我們對該句大意的理解，茲從「五秉」說。最關鍵的是，李學勤釋為「次」的那個字，據李朝遠《曶鼎諸銘文拓片之比勘》一文最新刊印的拓片來看，本作「[illegible]」。〔註7〕按，金文中「虎」字十分常見，作「[illegible]」（曶鼎「處」字所從虎旁）、「[illegible]」（九年衛鼎）。「[illegible]」與之字形十分接近，亦當釋為「虎」。

我們知道，西周時期琱生與召公發生過人口、土地方面的糾紛；〔註8〕在調解糾紛時，爭訟雙方曾互贈財物，其辭例與曶鼎有相似之處。試將前引曶鼎銘同下列琱生器銘作比較：

> 乃俾□吕曶酒及羊……曶乃每于𤔲□虎□舍𩰫矢五秉。（曶鼎）
>
> 婦氏吕壺……余𪓐于君氏大璋，報婦氏帛束、璜。（五年琱生簋）
>
> 召姜吕琱生戴五尋、壺兩……余𪓐大璋，報婦氏帛束、璜一。（五年琱生尊）〔註9〕

〔註4〕〔清〕阮元：《積古齋鐘鼎彝器款識》，《金文文獻集成》第10冊，頁125。〔清〕嚴可均《全上古三代秦漢三國六朝文》（《金文文獻集成》第16冊，頁300）、〔清〕吳式芬《攈古錄金文》（《金文文獻集成》第11冊，頁409）、〔清〕吳大澂《愙齋集古錄》（《金文文獻集成》第12冊，頁207）、〔清〕劉心源《奇觚室吉金文述》（《金文文獻集成》第13冊，頁167、415）、于省吾《雙劍誃吉金文選》（《金文文獻集成》第25冊，頁35）擬補方案與阮元相同。

〔註5〕譚戒甫：《西周「䂂」器銘文綜合研究》，《金文文獻集成》第28冊，頁432、435。

〔註6〕李學勤：《論曶鼎及其反映的西周制度》，《中國史研究》1985年1期。謝淩《稀世珍拓——〈曶鼎銘〉》（《四川文物》2002年4期）從李學勤說。

〔註7〕李朝遠：《曶鼎諸銘文拓片之比勘》圖六，《上海文博論叢》2009年1期。

〔註8〕〔日〕白川靜著，袁林譯：《西周史略》，三秦出版社，1992年，頁139。

〔註9〕李學勤：《琱生諸器銘文聯讀研究》，《文物》2007年8期。

曶鼎「吕曶酒」的「吕」，孫常敘認為應通假為「貽」，訓「送給」。〔註 10〕琱生器「婦氏吕壺」、「召姜吕琱生戠五尋」的「吕」，林澐認為，當解釋為「貽」或「詒」，訓為「送」，《詩·天保》「詒爾多福」，毛傳：「詒，遺也。」〔註 11〕琱生器「䵼大璋」的「䵼」，李學勤讀為「問」，訓為「遺」，並解釋說：「禮玉大璋應該是交由婦氏帶回的。至於婦氏本人，琱生則以束帛和玉璜答報。」〔註 12〕以上諸家的解釋可從。對比五年琱生簋的辭例，筆者認為「曶乃每于𨚕□虎□舍𤔲矢五秉」當斷讀如下：

曶乃每（賄）于𨚕□虎□，舍𤔲矢五秉。

其中，「每」字當讀作「賄」。賄字與從每得聲的悔、誨、晦等字，上古音都為曉母之部字，所以每可讀作賄。《儀禮·聘禮》：「賄在聘于賄」，鄭玄《注》：「古文賄皆作悔。」賢簋銘：「晦賢百晦糧。」第一個「晦」字，郭沫若讀作「賄」。〔註 13〕即其例。賄用作動詞，表示贈送財賄，《左傳·宣公九年》：「王以為有禮，厚賄之。」《左傳·成公二年》：「王以鞏伯宴，而私賄之。」亦其例。

曶鼎銘「虎」當指某種物品，似當讀作「琥」。其後所殘之字似為量詞。衛盉銘文有如下一段文字：

矩白（伯）庶人取堇（瑾）章（璋）于裘衛，才（財）八十朋，氒賈（價）其舍田十田；矩或（又）取赤虎兩、麀桒（韍）兩、桒韐一，才（財）廿朋，其舍田三田。

唐蘭即讀「赤虎兩」之「虎」為「琥」。〔註 14〕可從。《左傳·昭公三十二年》：「賜子家雙琥。」杜預《注》：「琥，玉器。」可參。由此可見，曶鼎銘文「曶乃每（賄）于𨚕□虎□，舍𤔲矢五秉」大意是說曶送給𨚕琥若干，又送給𤔲五秉矢。

〔註 10〕孫常敘：《曶鼎銘文通釋》，《金文文獻集成》第 28 冊，頁 442。

〔註 11〕林澐：《琱生三器新釋》，復旦大學出土文獻與古文字研究中心網站，2007 年 12 月 21 日。

〔註 12〕李學勤：《琱生諸器銘文聯讀研究》，《文物》2007 年 8 期。

〔註 13〕郭沫若：《兩周金文辭大系圖錄考釋》，載入劉慶柱、段志洪等主編《金文文獻集成》第 21 冊，線裝書局 2005 年，頁 512。裘錫圭《西周糧田考》（原載《胡厚宣先生紀念文集》，科學出版社，1999 年，此據復旦大學出土文獻研究中心網站改訂稿，2008 年 5 月 17 日）比較了諸家說法，認為「此句的解釋仍當以《大系》之說為是」。

〔註 14〕唐蘭：《陝西省岐山縣董家村新出西周重要銅器銘辭的譯文和注釋》，《文物》1976 年 5 期。

二、衺宔

師酉鼎銘文中有如下一段文字：

王格于大室，使師俗召師酉。王親衺宔師酉，賜豹裘。〔註15〕

這段文字講述周王對師酉的賞賜。其中「衺宔」一詞的訓釋意見存在分歧。據筆者統計，「衺宔」有三種釋讀觀點。第一種訓「衺」為長，讀「宔」為「予」，認為「衺宔」是形容周王賞賜之隆重。〔註16〕第二種讀「衺宔」為「褒庥」，認為是大力表彰之義。〔註17〕第三種讀「衺宔」為「褒寵」，認為相當於文獻之「褒寵」。〔註18〕

筆者認為「衺宔」之「衺」當讀作「懋」。衺、懋俱從矛聲，當可互通。金文中見有「楙賜」一詞。如痶簋「王對痶，楙賜佩」、痶鐘「皇王對痶身，楙賜佩」。容庚解釋說：「楙，孳乳為懋，勉也。」〔註19〕典籍中還見有「懋賞」一詞。《尚書．仲虺之誥》：「德懋懋官，功懋懋賞。」孔穎達《正義》：「勉於德者，則勉之以官。勉於功者，則勉之以賞。」可參。又《荀子．王制》：「勉之以慶賞。」亦可參。

關於「宔」字，目前在釋讀上還存在爭議，但「宔」具有賞賜、休美之義，〔註20〕則是不爭的事實。如乃子克鼎「宔絲五十寽」、作冊大鼎「大揚皇天尹大保宔」等，與金文中「休」字用法相當。據此，銘文「衺（懋）宔」一詞與「楙賜」、「懋賞」應當同義。

綜上所述，「王親衺（懋）宔師酉，賜豹裘」大意是說王親自勉勵並賞賜師酉，並賜給師酉豹裘。

三、可湛

𩜁匜銘文中有如下一段文字：

〔註15〕朱鳳瀚：《師酉鼎與師酉簋》，《中國歷史文物》2004年1期。參朱鳳瀚釋文，從寬隸寫。

〔註16〕同註15。

〔註17〕陳絜、祖雙喜：《亢鼎銘文與西周土地所有制》，《中國歷史文物》2005 年 1期，注10。

〔註18〕陳劍：《釋「琮」及相關諸字》，復旦大學出土文獻與古文字研究中心網站，2007年12月18、21日。

〔註19〕容庚：《金文編》，中華書局，1985年，頁410。

〔註20〕陳夢家：《西周銅器斷代》，中華書局，2004年，頁138。王恒餘：《論各家對於金文中宔字的解釋》，《金文文獻集成》第36冊，頁362、363。

牧牛，𫊣，乃可湛！汝敢以乃師訟。〔註 21〕

這段文字是對牧牛的判決詞的開頭部份。其中，「可湛」一詞的訓釋意見有較大分歧。據筆者統計，對該句進行過解釋的先後有龐懷清、唐蘭、李學勤、孫常敘四位學者。此四家在斷讀、訓釋上均有差異，茲分述如下：

龐懷清讀為「牧牛！𫊣乃可（苛）湛（勘）。女（汝）敢㠯（以）乃師訟」。其中，「可」假借作苛，訓為譴責；「湛」讀為勘，《玉篇》「覆定也」。「苛勘」就是譴責勘審罪人。〔註 22〕

唐蘭翻譯為「牧牛！你被譴責為誣告。你敢和你的師打官司」。其中，「可」讀為苛，訓為譴責；「湛」讀為抌，《說文》抌，「讀若告言不正曰抌。」告言不正就是誣告。〔註 23〕

李學勤讀為「牧牛，𫊣乃可（荷）湛（堪），女（汝）敢㠯（以）乃師訟」。其中，「𫊣」讀為徂，訓為過去；「可」讀為荷，「湛」讀為「堪」，「荷堪」指任職。「𫊣乃荷堪」大意為過去你任職的時候。〔註 24〕

孫常敘讀為「牧牛，𫊣，乃可（何）湛（譖）！女（汝）敢㠯（以）乃師訟」。無說。〔註 25〕

按，若依龐懷清之說，當是牧牛去譴責勘審罪人，這與牧牛被罰的事實不合，其說非是。唐蘭讀為「苛抌」，但「乃苛抌」的直譯就是「你譴責告言不正」，無法翻譯成「你被譴責為誣告」，因此唐蘭說也有問題。〔註 26〕李學勤讀「荷堪」缺乏依據。孫常敘的讀法相對合理，但不能說清「譖」與後文「敢以乃師訟」之間的邏輯關係。

〔註 21〕斷句從孫常敘《則、灋度量則、則誓三事試解》（《古文字研究》第 7 輯，中華書局，1982 年，頁 21）。

〔註 22〕龐懷清：《陝西省岐山縣董家村西周銅器窖穴發掘簡報》，《文物》1976 年 5 期。

〔註 23〕唐蘭：《陝西省岐山縣董家村新出西周重要銅器銘辭的譯文和注釋》，《文物》1976 年 5 期。

〔註 24〕李學勤：《岐山董家村訓匜考釋》，《古文字研究》第 1 輯，中華書局，1979 年，頁 150、151。

〔註 25〕孫常敘《則、灋度量則、則誓三事試解》（《古文字研究》第 7 輯，中華書局，1982 年，頁 21）。張世超、孫淩安等《金文形義通解》（中文出版社，1996 年，頁 2613、2614）釋為「以讒言誣陷他人也」。

〔註 26〕陳公柔《西周金文中的法制文書述例》（《容庚先生百年誕辰紀念文集》，廣東人民出版社，1998 年，頁 319）從唐蘭讀為「苛抌」，但認為是指以下犯上，也不同意唐蘭的譯文。

筆者認為，「可湛」當讀為「何甚」。《說文・人部》:「何，儋也，從人可聲。」又《水部》:「湛，沒也，從水甚聲。」晉侯對盨「其用田狩，甚樂于邍隰」，其中「甚樂」的「甚」，學者讀為「湛」，〔註 27〕《國語・周語下》:「虞于湛樂。」韋昭《注》:「湛，淫也。」可見，「可湛」可讀為「何甚」。《廣韻・沁韻》:「甚，太過。」《集韻・沁韻》:「甚，過也。」「何甚」一詞見於典籍，如：

《論語・述而》:「與其進也，不與其退也，唯何甚！」

《說苑・至公》:「嘻！寡人之無德也，何甚矣！」

《晏子春秋・外篇・吳王問齊君僈暴吾子何容焉晏子對以豈能以道食人第十七》:「吾聞齊君蓋賊以僈，野以暴，吾子容焉，何甚也！」

綜上所述，銘文大意是說：牧牛，你怎能如此過分？你竟敢和你的師打官司。

四、唯乃明乃鬯享于乃辟

匽侯克盉、罍中有如下一段文字：

大保，唯乃明乃鬯享于乃辟，余大對乃享。〔註 28〕

這段文字是周王對大保所說的話。其中「唯乃明乃鬯享于乃辟」比較費解，尤其是「鬯」字的釋讀，有釋心、釋鬯兩說，曾引起激烈的爭論。〔註 29〕陳平力主釋鬯說，〔註 30〕最近董蓮池重新比對字形，再次確認是「鬯」字。〔註 31〕按，該字在匽侯克罍腹銘中作「𠈇」形，必為鬯字無疑。因此，過去主張釋「心」的各種說法可以不論。在釋「鬯」的基礎上，殷瑋璋、張亞初、陳平、杜乃松四位學者的觀點頗具代表性，〔註 32〕其斷句和釋讀均有差異，

〔註 27〕黃德寬：《「𦅫」及相關字的再討論》,《甲骨文獻集成》第 14 冊，頁 363。

〔註 28〕參周寶宏《近出西周金文集釋》(天津古籍出版社 2005 年，頁 7）釋文。

〔註 29〕《北京琉璃河出土西周有銘銅器座談紀要》,《考古》1989 年第 10 期。

〔註 30〕陳平：《初燕克器銘心、鬯辨》,《北京文博》第 2 期，轉見於周寶宏《近出西周金文集釋》，天津古籍出版社，2005 年，頁 43。

〔註 31〕董蓮池：《西周金文幾個疑難字的再研究》,《古文字研究》第 28 輯，中華書局，2010 年，頁 281～283。

〔註 32〕還有很多學者對燕侯克器這段話作出過訓釋，大致不出上述四家範圍，周寶宏《近出西周金文集釋》(天津古籍出版社，2005 年，頁 20～55）有詳細集釋，可參看。為節約版面，這裏不能一一列出。

茲分述如下：

殷瑋璋釋寫為「太保，隹乃明，乃鬯享于乃辟。余大對乃享」，認為「隹乃明」是周王稱讚太保明德賢能，有功於周室的褒詞。鬯是用香草和黑黍釀成的美酒。「享」則訓作獻出。「乃鬯享于乃辟」是指太保曾以香酒奉獻給君王以示敬賀之事。「余大對乃享」是周王得其盛位，為對答太保對周王的忠誠和尊崇，奉獻香酒而說的話。〔註 33〕

張亞初釋寫為「太保，唯乃明乃鬯，享于乃辟。余大對，乃享命」，認為「乃明乃鬯」的詞句格式類似於《尚書・大禹謨》「乃聖乃神，乃武乃文」、《詩・斯干》「乃寢乃興」，其中「乃」為助詞，無實際義訓。「明」假借為「盟」，盟祭是肉食之祭。「鬯」是用鬯酒來進行祭祀。用肉祭（盟）和用酒祭（鬯），泛指進行各種高規格的祭禮。「享」是用於已故祖先的用字，不適用於時王；「辟」是君主。「大對」是感激涕零的用語，「余大對」的「余」是指太保，而非周王。〔註 34〕

陳平釋寫為「太保，隹（唯）乃明（盟）乃鬯，亯（享）于乃辟。余大對乃亯（享）」，認為「明」讀為「盟」，在本銘中指封侯的盟誓；鬯是「欲行鬯祭祼儀於宗廟而告先王」。〔註 35〕

杜乃松釋寫為「大（太）保，隹（惟）乃明乃鬯，亯（享）于乃辟。余大對乃亯（享）」，認為「明」指賢明，「鬯」通假為「暢」，訓為暢達。「乃明乃鬯」是周天子褒揚太保賢明和暢達有能力。「享於乃辟」，享訓為進獻，本銘指進獻治國安邦的道理；「辟」訓為君，和大盂鼎銘「余乃辟一人」的「辟」同義。「對」訓為合，「余大對乃享」是說「周天子大合太保的進獻，即讚賞同意其治國安邦的方法與道理」。〔註 36〕

今按，西周金文「饗」字一般用於生人，「享」字一般用於祭享鬼神；但是饗、享又可通假，所以「享」字也有用於生人的情形，〔註 37〕如㦰方鼎「厥複享于天子」，即其例。因此，克器的「享」字不必如張亞初等人所說，非得

〔註 33〕殷瑋璋：《新出土的太保銅器及其相關問題》，《考古》1990 年 1 期。

〔註 34〕《北京琉璃河出土西周有銘銅器座談紀要》，《考古》1989 年第 10 期，張亞初發言。又張亞初：《太保罍、盉銘文的再探討》，《考古》1993 年 1 期。

〔註 35〕陳平：《克罍、克盉銘文及其有關問題》，《考古》1991 年 9 月。陳平：《再論克罍、克盉銘文及其有關問題——兼答張亞初同志》，《考古與文物》1995 年 1 期。

〔註 36〕杜乃松：《克罍克盉銘文新釋》，《故宮博物院院刊》1998 年 1 期。

〔註 37〕劉雨：《西周金文中的饗與燕》，《金文論集》，紫禁城出版社，2008 年，頁 62。

理解為享祀祖先。又，瘨簋「王對瘨，楙（懋）賜佩」，則周王對臣下亦可言「對」。太保召公以長壽著稱，如者減鐘銘「若召公壽」。因此，太保可能是時王的長輩，晚輩「大對」長輩，在「孝友」意識濃厚的西周是很正常的。可見，張亞初說周王「大對」太保有悖情理之說不能成立。「余大對乃享」的「余」就是周王。殷瑋璋訓「享」為「獻出」，可信。杜乃松將「鬯」破讀為「暢」，很有啟發性。

上引各家立論，有一個共同的缺憾，就是缺乏嚴格的辭例比勘。因此，有關「鬯」字的解釋還難以令人信服，並引致整段銘文的釋讀分歧。

筆者認為，銘文之「鬯」當讀作「長」。上古音鬯為透母陽部字，長為定母陽部字，兩字聲母俱為舌音，韻則疊韻，音近可通。《詩・小雅・采綠》：「言韔其弓。」陸德明《釋文》：「韔本亦作鬯。」即其證。可見，「鬯」可讀作「長」。「長享」一詞見於典籍。《史記・李斯傳》：「長享天下而無害。」即其例。

《國語・吳語》：「苟，伯父令女來，明紹享余一人。」韋昭《注》：「紹，繼也。享，獻也。」「明紹享余一人」與銘文之「唯乃明乃鬯享于乃辟」從句式到文義均十分近似。「明紹享」與「明乃鬯享」對應，其中「鬯」對應「紹」。典籍「紹」字有繼續不斷之意。《尚書・文侯之命》：「用會紹乃辟。」蔡沈《集傳》：「紹者，繼之而使不絕。」可見，「紹享」即繼續不斷地獻。克器「鬯（長）享」則指長期奉獻。

至於克器之「明」字，前引諸家或訓為盟祭、盟誓，或訓為賢明，皆不可信。本銘中「明」似當訓為勉、自勉。《尚書・多方》：「大不克明保享於民。」孫星衍《今古文注疏》：「明，勉。」又《康誥》：「克明德慎罰。」孫星衍《今古文注疏》訓「明」為「自勉」。《詩・周頌・訪落》：「以保明其身。」馬瑞辰《毛詩傳箋通釋》：「《爾雅・釋詁》：『孟，勉也。』孟古音讀如芒，與明音近，故孟津通作盟津，孟為勉，明亦勉也。凡《詩》言『明明』，皆勉勉也。」

綜上所述，前引克器銘當斷讀為「大保，唯乃明乃鬯（長）享于乃辟，余大對乃享」。大意是說：大保，你自勉且長期奉獻於你的君王，我要隆重地答報你的奉獻。

參考文獻

B

1. 白於藍：《簡牘帛書通假字字典》，福建人民出版社，2008 年。
2. 白於藍：《釋「坴彡」》，《中國文字研究》2010 年第 2 輯。
3. 白於藍：《金文校讀三則》，《漢字研究》第 2 輯，慶星大學校韓國漢字研究所，2010 年 6 月。
4. 白於藍：《師永盂新釋》，《考古與文物》2010 年 5 期。
5. 白於藍：《虎溪山漢簡〈閻氏五勝〉校讀二記》，劉釗主編《出土文獻與古文字研究》第 3 輯，復旦大學出版社，2010 年。
6. 寶雞市考古所、扶風縣博物館：《陝西扶風五郡西村西周青銅器窖藏發掘簡報》，《文物》2007 年 8 期。
7. 北京大學考古文博院等：《天馬——曲村遺址北趙晉侯墓地第六次發掘》，《文物》2001 年 8 期。
8. 北京大學考古專業商周組等：《晉豫鄂三省考古調查簡報》，《文物》1982 年 7 期。
9. 《北京琉璃河出土西周有銘銅器座談紀要》，《考古》1989 年 10 期。

C

1. 陳公柔：《說媿氏即懷姓九宗》，《古文字研究》第 16 輯，中華書局，1989 年。

2. 陳公柔：《西周金文中所記載〈約劑〉的研究》，常宗豪、張光裕等編《第二屆國際中國古文字學研討會論文集》，香港中文大學中國語言及文學系，1993 年。
3. 陳公柔：《西周金文中的法制文書述例》，《容庚先生百年誕辰紀念文集》，廣東人民出版社，1998 年。
4. 陳公柔：《西周金文中的新邑、成周與王城》，《金文文獻集成》第 40 冊，線裝書局，2005 年。
5. 陳公柔、張長壽：《殷周青銅容器上鳥紋的斷代研究》，《考古學報》1984 年 3 期。
6. 陳公柔、張長壽：《殷周青銅容器上獸面紋的斷代研究》，《考古學報》1990 年 2 期。
7. 陳夢家：《殷墟卜辭綜述》，中華書局，1988 年。
8. 陳夢家：《西周青銅器斷代》，中華書局，2004 年。
9. 陳夢家：《西周金文中的殷人身份》，《金文文獻集成》第 40 冊，線裝書局，2005 年。
10. 陳夢家：《宜侯夨簋和它的意義》，《金文文獻集成》第 28 冊，線裝書局，2005 年。
11. 陳力：《夏商西周土地制度概論》，四川大學 1987 年博士學位論文。
12. 陳力：《七十年關於井田制的討論及評議》，《內江師範學院學報》1989 年 1 期。
13. 陳力：《西周土地制度考辨》，《四川師範大學學報》1989 年 6 期。
14. 陳世輝：《牆盤銘文解說》，《考古》1980 年 5 期。
15. 陳英傑：《士山盤銘文再考》，《中國歷史文物》2004 年 6 期。
16. 陳英傑：《金文中「君」字之意義及其相關問題探析》，《中國文字》新 33 期，臺灣藝文印書館，2007 年。
17. 陳英傑：《新出琱生尊補釋》，《考古與文物》2007 年 5 期。
18. 陳英傑：《讀金瑣記（三）》，復旦大學古文字與出土文獻研究中心網站，2008 年 9 月 6 日。

19. 陳直：《讀金日札》，中華書局，2008 年。

20. 陳直：《居延漢簡研究》，天津古籍出版社，1986 年。

21. 陳絜、祖雙喜：《亢鼎銘文與西周土地所有制》，《中國歷史文物》，2005 年 1 期。

22. 陳絜、李晶：《𡚬季鼎、揚簋與西周法制、官制研究中的相關問題》，《南開學報》（哲社版），2007 年第 2 期。

23. 陳曦：《西周有銘銅器斷代專題整合研究》，北京語言大學 2006 年博士論文。

24. 陳漢平：《西周冊命制度研究》，學林出版社，1986 年。

25. 陳邦懷：《永盂考略》，《金文文獻集成》第 28 冊，線裝書局，2005 年。

26. 陳劍：《甲骨文舊釋「眢」和「𥃝」的兩個字及金文「𩰫」字新釋》，復旦大學出土文獻與古文字研究中心編《出土文獻與古文字研究》第 1 輯，復旦大學出版社，2006 年。

27. 陳偉：《包山楚簡所見邑、里、州的初步研究》，《武漢大學學報》（哲社版）1995 年 1 期。

28. 陳偉主編：《楚地出土戰國簡冊〔十四種〕》，武漢大學簡帛研究中心，2008 年。

29. 陳佩芬：《夏商周青銅器研究——上海博物館藏品．西周篇》，上海古籍出版社，2004 年。

30. 陳平：《克罍、克盉銘文及其有關問題》，《考古》，1991 年 9 期。

31. 陳秉新：《金文考釋四則》，《容庚先生百年誕辰紀念文集》，廣東人民出版社，1998 年。

32. 陳邦福：《矢簋考釋》，《金文文獻集成》第 28 冊，線裝書局，2005 年。

33. 陳進宜：《禹鼎考釋》，《金文文獻集成》第 28 冊，線裝書局，2005 年。

34. 陳世輝：《墻盤銘文解釋》，《考古》1980 年 5 期。

35. 陳奇猷校釋：《呂氏春秋校釋》，學林出版社，1984 年。

36. 岑仲勉：《兩周文史論叢（外一種）》，中華書局，2004 年。

37. 蔡運章：《甲骨金文與古史研究》，中州古籍出版社，1993 年。

38. 蔡運章：《甲骨金文與古史新探》，中國社會科學出版社，1996 年。

39. 蔡運章：《洛陽北窯西周墓青銅器銘文簡論》，《文物》1996 年 7 期。

40. 蔡運章、張應橋：《季姬方尊銘文及其重要價值》，《文物》2003 年 9 期。

41. 蔡偉：《讀書叢札》，劉釗主編《出土文獻與古文字研究》第 3 輯，復旦大學出版社，2010 年。

42. 常金倉：《眉縣青銅器和西周年代學研究的思路調整》，《寶雞文理學院學報》（社科版）2003 年 5 期。

43. 常金倉：《西周青銅器斷代研究的兩個問題》，《考古與文物》2006 年 2 期。

44. 曹斌：《商周青銅觶研究》，陝西師範大學 2007 年碩士論文。

45. 曹發展、陳國英：《咸陽地區出土西周青銅器》，《金文文獻集成》第 22 冊，線裝書局，2005 年。

46. 曹峻：《「夔紋」新識》，《中國文物報》，2007 年 3 月 30 日，第 7 版。

47. 曹瑋：《周原出土青銅器》（全十冊），巴蜀書社，2005 年。

48. 曹瑋：《周原遺址與西周銅器研究》，科學出版社，2004 年。

49. 曹兆蘭：《金文通釋選譯》，武漢大學出版社，2000 年。

50. 曹載奎：《懷米山房吉金圖》，《金文文獻集成》第 7 冊，線裝書局，2005 年。

52. 曹淑琴：《伯矩銅器群及其相關問題》，《金文文獻集成》第 40 冊，線裝書局，2005 年。

52. 程武：《一篇重要的法律史文獻——讀㑇匜銘文箚記》，《金文文獻集成》第 40 冊，線裝書局，2005 年。

D

1. 董作賓：《董作賓先生全集》甲編，臺灣藝文印書館，1977 年。

2. 代繼華：《中國古代史學家對歷史變化的認識》，《重慶師院學報》（哲社版）1997 年 1 期。

3. 董珊：《楚簡簿記與楚國量制研究》，《考古學報》2010 年 2 期。

4. 董珊：《談士山盤銘文的「服」字義》，《故宮博物院院刊》2004 年 1 期。

5. 董珊：《略論西周單氏家族窖藏青銅器銘文》，《中國歷史文物》2003 年 4 期。
6. 董珊：《任鼎新探——兼說亢鼎》，《黃盛璋先生八秩華誕紀念文集》，中國教育文化出版社，2005 年。
7. 董蓮池：《西周金文幾個疑難字的再研究》，《古文字研究》第 28 輯，中華書局，2010 年。
8. 杜勇：《關於令方彝的年代問題》，《中國史研究》2001 年 2 期。
9. 杜勇、沈長雲：《金文斷代方法探微》，人民出版社，2002 年。
10. 杜廼松主編：《中國青銅器定級圖典》，上海辭書出版社，2008 年。
11. 杜廼松：《克罍克盉銘文新釋》，《故宮博物院院刊》1998 年 1 期。
12. 〔日〕大島隆：《耤田考》，《甲骨文獻集成》第 26 冊，四川大學出版社，2001 年。

F

1. 方濬益：《綴遺齋彝器款識考釋》，《金文文獻集成》第 14 冊，線裝書局，2005 年。
2. 范祥雍：《古本竹書紀年輯校訂補》，上海人民出版社，1962 年。
3. 方述鑫：《召伯虎簋銘文新釋》，《考古與文物》1997 年 1 期。
4. 方詩銘：《金文中所見的「僕」不是家內奴隸》，《金文文献集成》第 40 冊，線裝書局，2005 年。
5. 馮時：《琱生三器銘文研究》，《考古》2010 年 1 期。
6. 馮勝君：《出土材料所見先秦古書的載體以及構成和傳佈方式》，復旦大學出土文獻與古文字研究中心網站，2010 年 8 月 18 日。
7. 馮卓慧、胡留元：《西周金文中的司寇及其官司機構》，《金文文獻集成》第 40 冊，線裝書局，2005 年。
8. 樊志民：《周金文中所見之關中農業》，《金文文獻集成》第 40 冊，線裝書局，2005 年。
9. 復旦讀書會：《清華簡〈皇門〉研讀札記》，復旦大學出土文獻與古文字研究中心網站，2011 年 1 月 5 日。

10. 傅斯年：《大東小東說——兼論魯燕齊初封在成周東南後乃東遷》，《中研院歷史語言研究所集刊論文類編》（歷史編·先秦卷二），中華書局，2009年。

11. 傅舉有、陳松長：《馬王堆漢墓文物》，湖南出版社，1992年。

G

1. 〔清〕顧炎武著，黃汝成集釋，秦克誠點校：《日知錄》，嶽麓書社，1994年。

2. 〔清〕顧棟高：《春秋大事表》，中華書局，1993年。

3. 顧頡剛：《「周公制禮」的傳說和〈周官〉一書的出現》，《文史》第6輯，中華書局，1979年。

4. 顧音海：《從卜辭地名看商代的耕田規模》，《甲骨文獻集成》第26冊，四川大學出版社，2001年。

5. 國家文物局：《中國考古60年（1949～2009）》，文物出版社，2009年。

6. 國家文物局古文獻研究室編：《馬王堆漢墓帛書〔壹〕》，文物出版社，1980年。

7. 國家計量總局等主編：《中國古代度量衡圖集》，文物出版社，1984年。

8. 貴陽市農業局：《小米種植技術》，中國貴陽市人民政府門戶網站（http://www.gygov.gov.cn）2008年9月22日。

9. 故宮博物院：《故宮青銅器》，紫禁城出版社，1999年。

10. 郭沫若：《甲骨文字研究·釋耤》，《郭沫若全集·考古編》第1卷，科學出版社，1982年。

11. 郭沫若：《兩周金文辭大系圖錄考釋》，《金文文獻集成》第21冊，線裝書局，2005年。

12. 郭沫若：《金文叢考》，《金文文獻集成》第25冊，線裝書局，2005年。

13. 郭沫若：《郭沫若全集·歷史編》第1卷，人民出版社，1982年。

14. 郭沫若：《郭沫若全集·歷史編》第2卷，人民出版社，1982年。

15. 郭沫若：《郭沫若全集·歷史編》第3卷，人民出版社，1984年。

16. 郭沫若：《殷周青銅器銘文研究》，《金文文獻集成》第25冊，線裝書局，

2005 年。

17. 郭沫若：《長安縣張家坡銅器群銘文匯釋》，《考古學報》1962 年 1 期。
18. 郭沫若：《弭叔簋及訇簋考釋》，《文物》1960 年 2 期。
19. 郭沫若：《關於眉縣大鼎銘辭考釋》，《文物》1972 年 7 期。
20. 郭沫若：《夨簋銘考釋》，《郭沫若全集．考古編》第 6 卷，科學出版社，2002 年。
21. 郭寶鈞：《商周青銅器群綜合研究》，文物出版社，1981 年。
22. 高玉平：《2003 年眉縣楊家村出土窖藏青銅器銘文考述》，安徽大學 2007 年碩士學位論文。
23. 高鴻縉：《散盤集釋》，《臺灣師範大學學報》1957 年 2 期。
24. 高鴻縉：《毛公鼎集釋》，《臺灣師範大學學報》1957 年 1 期。
25. 高明：《陝西眉縣出土窖藏青銅器筆談》，《文物》2003 年 6 期。
26. 高明：《高明論著選集》，科學出版社，2001 年。
27. 高亨：《周易古經今注》（重訂本），中華書局，1984 年。
28. 葛志毅：《周代分封制度研究》（修訂本），黑龍江人民出版社，2005 年。

H

1. 〔晉〕皇甫謐著，陸吉點校：《二十五別史》，齊魯書社，2000 年。
2. 河北文物管理處：《河北省平山縣戰國時期中山國墓葬發掘簡報》，《文物》1979 年 1 期。
3. 黄盛璋：《趞盂新考》，《金文文獻集成》第 28 冊，線裝書局，2005 年。
4. 黄盛璋：《玁狁新考》，《社會科學戰線》1983 年 2 期。
5. 黄盛璋：《眉縣楊家村逨家窖藏銅器解要》，《中國歷史文物》2004 年 3 期。
6. 黄盛璋：《衛盉、鼎中「貯」與「貯田」及其牽涉的西周田制問題》，《文物》1981 年 9 期。
7. 黄盛璋：《多友鼎的歷史與地理問題》，《金文文獻集成》第 28 冊，線裝書局，2005 年。

8. 黄盛璋：《西周微家族窖藏銅器群初步研究》，《西周微氏家族青銅器群研究》，文物出版社，1992 年。

9. 黄盛璋：《銅器銘文宜、虞、夨的地望及其與吳國的關係》，《考古學報》1983 年 3 期。

10. 黄盛璋：《西周微家族窖藏銅器群初步研究》，載入尹盛平編《西周微氏家族青銅器群研究》，文物出版社，1992 年。

11. 黄盛璋：《駒父盨蓋銘文研究》，《金文文獻集成》第 29 冊，線裝書局，2005 年。

12. 黄盛璋：《歷史地理與考古論叢》，齊魯書社，1982 年。

13. 黄懷信：《〈逸周書〉源流考》，西北大學出版社 1992 年。

14. 黄懷信：《逸周書校補註譯》（修訂本），三秦出版社，2006 年。

15. 黄奇逸：《甲金文中王號生稱與謚法問題的研究》，《中華文史論叢》1983 年第 1 輯。

16. 黄天樹：《鬲比盨銘文簡釋》，《黄天樹古文字論集》，學苑出版社，2006 年。

17. 黄錫全：《士山盤銘文別議》，《中國歷史文物》2003 年 2 期。

18. 韓巍：《西周金文中的「異人同名」現象及其對斷代研究的影響》，《東南文化》2009 年 6 期。

19. 韓巍：《冊命銘文的變化與西周厲、宣銅器分界》，《文物》2009 年 1 期。

20. 韓巍：《單逑諸器銘文習語的時代特點和斷代意義》，《南開學報》（哲社版）2008 年 6 期。

21. 韓軍：《西周金文研究中的「康宮問題」論爭述評》，《殷都學刊》2007 年 4 期。

22. 何幼琦：《論「康宮」》，《金文文獻集成》第 39 冊，線裝書局，2005 年。

23. 何幼琦：《〈宜侯夨簋〉的年代問題》，《金文文獻集成》第 28 冊，線裝書局，2005 年。

24. 何景成：《商周青銅器族氏銘文研究》，吉林大學 2005 年博士學位論文。

25. 何雙全：《天水放馬灘秦墓出土地圖初探》，《文物》1989 年 2 期。

26. 何茲全：《周代土地制度及其演變》，載入吳才麟、文明等主編《中國古代財政史研究》（夏、商、西周時期），中國財政經濟出版社，1990 年。

27. 何炳棣、劉雨：《「夏商周斷代工程」基本思路質疑》，載入劉雨《金文論集》，紫禁城出版社，2008 年。

28. 何樹環：《西周貴族土地的取得與轉讓》，《新史學》15 卷第 1 期，2004 年 3 月。

29. 郝建平：《戰國授田制研究綜述》，《陰山學刊》2003 年 2 期。

30. 胡寄窗：《關於井田制的若干問題的探討》，《學術研究》1981 年 4、5 期。

31. 胡留元、馮卓慧：《夏商西周法制史》，商務印書館，2006 年。

32. 胡嘉麟：《兩周時期青銅簠研究》，陝西師範大學 2007 年碩士學位論文。

33. 胡適：《井田辨》，《胡適文集》（2），北京大學出版社，1998 年。

34. 胡平生：《青川秦墓木牘「為田律」所反映的田畝制度》，《文史》第 19 輯，中華書局，1983 年。

35. 侯旭東：《走馬樓竹簡的限米與田畝記錄》，武漢大學簡帛網，2010 年 9 月 27 日。

36. 侯志義：《采邑考》，西北大學出版社，1989 年。

37. 侯外廬：《中國古代社會史論》，人民出版社，1955 年。

38. 侯外廬：《中國思想通史》，人民出版社，1957 年。

39. 〔德〕黑格爾著，賀麟譯：《小邏輯》，商務印書館，1980 年。

J

1. 〔清〕江永：《春秋地理考實》，學海堂皇清經解本。

2. 湖北省荊沙鐵路考古隊編：《包山楚簡》，文物出版社，1991 年。

3. 荊門市博物館：《郭店楚墓竹簡》，文物出版社，1998 年。

4. 江西省文物考古研究所：《江西新幹大洋洲商墓發掘簡報》，《文物》1991 年 10 期。

5. 江林昌：《眉縣新出青銅器與西周王室世系、年代學及相關問題》，《文史哲》2003 年 5 期。

6. 金景芳：《論井田制度》，齊魯書社，1982 年。
7. 金景芳：《金景芳古史論集》，吉林大學出版社，1991 年。
8. 金信周：《兩周頌揚銘文及其文化研究》，復旦大學 2006 年博士學位論文。
9. 金東雪：《琱生三器銘文集釋》，吉林大學 2009 年碩士論文。
10. 景紅豔：《西周賞賜制度研究》，陝西師範大學 2006 年博士學位論文。
11. 吉琨璋、宋建忠、田建文：《山西橫水西周墓地研究三題》，《文物》2006 年 8 期。
12. 賈洪波：《論令彝銘文的年代與人物糾葛——兼略申唐蘭先生西周金文「康宮說」》，《中國史研究》2003 年 1 期。
13. 蔣祖棣：《西周年代研究之疑問》，《宿白先生八秩華誕紀念文集》，文物出版社，2002 年。
14. 蔣剛：《東周時期主要列國都城人口問題研究》，《文物春秋》2002 年 6 期。
15. 焦培民：《先秦人口研究》，鄭州大學 2007 年博士學位論文。

K

1. 考古與文物編輯部：《吳虎鼎銘座談紀要》，《考古與文物》1998 年 3 期。
2. 柯昌濟：《金文分域編》及《續編》，《金文文獻集成》第 42 冊，線裝書局，2005 年。
3. 柯昌濟：《韡華閣集古錄跋尾》，《金文文獻集成》第 25 冊，線裝書局，2005 年。

L

1. 臨潼縣文化館：《陝西臨潼發現武王征商簋》，《文物》1977 年 8 期。
2. 李學勤：《清華簡九篇綜述》，《文物》2010 年 5 期。
3. 李學勤：《論長安花園村兩墓青銅器》，《文物》1986 年 1 期。
4. 李學勤：《新出青銅器研究》，文物出版社，1990 年。
5. 李學勤：《論長安花園村兩墓青銅器》，《文物》1986 年 1 期。

6. 李學勤：《由新見青銅器看西周早期的鄂、曾、楚》，《文物》2010 年 1 期。
7. 李學勤：《眉縣楊家村器銘曆日的難題》，《寶雞文理學院學報》（社科版）2003 年 5 期。
8. 李學勤：《西周青銅器研究的堅實基礎》，《文物》2000 年 5 期。
9. 李學勤：《季姬方尊研究》，《中國史研究》2003 年 4 期。
10. 李學勤：《吳虎鼎考釋——夏商周斷代工程考古學筆記》，《考古與文物》1998 年 3 期。
11. 李學勤：《西周金文中的土地轉讓》，《李學勤學術文化隨筆》，中國青年出版社，1999 年。
12. 李學勤：《包山楚簡中的土地買賣》，《綴古集》，上海古籍出版社，1998 年。
13. 李學勤：《中國古代文明研究》，華東師範大學出版社，2005 年。
14. 李學勤：《郿縣李家村銅器考》，《金文文獻集成》第 28 冊，線裝書局，2005 年。
15. 李學勤：《夏商周年代學劄記》，遼寧大學出版社，1999 年。
16. 李學勤：《論多友鼎的時代及意義》，《人文雜誌》1981 年 6 期。
17. 李學勤：《秦國文物的新認識》，《文物》1980 年 9 期。
18. 李學勤：《眉縣楊家村新出青銅器研究》，《文物》2003 年 6 期。
19. 李學勤：《琱生諸器銘文聯讀研究》，《文物》2007 年 8 期。
20. 李學勤：《評陳夢家殷虛卜辭綜述》，《考古學報》1957 年 3 期。
21. 李學勤：《走出疑古時代》，遼寧大學出版社，1994 年。
22. 李學勤：《宜侯夨簋與吳國》，《文物》1985 年 7 期。
23. 李學勤：《大盂鼎新論》，《鄭州大學學報》1985 年 3 期。
24. 李學勤：《小臣缶方鼎與箕子》，《殷都學刊》1985 年 2 期。
25. 李學勤、唐雲明：《元氏銅器與西周的邢國》，《考古》1979 年 1 期。
26. 李學勤：《論仲爯父簋與中國》，《金文文獻集成》第 29 冊，線裝書局，2005 年。

27. 李學勤：《論西周金文中的六師、八師》，《金文文獻集成》第 40 冊，線裝書局，2005 年。
28. 李學勤：《當代學者自選文庫：李學勤卷》，安徽教育出版社，1998 年。
29. 李學勤：《論曶鼎及其反映的西周制度》，《中國史研究》1985 年 4 期。
30. 李學勤：《岐山董家村訓匜考釋》，《古文字研究》第 1 輯，中華書局，1979 年。
31. 李學勤：《魯方彝與西周商賈》，《史學月刊》1985 年 1 期。
32. 李學勤：《試論董家村青銅器群》，《文物》1976 年 6 期。
33. 李學勤：《膳夫山鼎年世的確定》，《文物》1999 年 6 期。
34. 李學勤：《試說青銅器銘文的呂王》，《文博》2010 年 2 期。
35. 李學勤：《〈古韻通曉〉簡評》，《中國社會科學》1991 年 3 期。
36. 李學勤：《戎生編鐘論釋》，《文物》1999 年 9 期。
37. 李朝遠：《西周土地關係論》，上海人民出版社，1997 年。
38. 李朝遠：《論西周土地交換的程序》，《金文文獻集成》第 40 冊，線裝書局，2005 年。
39. 李朝遠：《西周金文中所見土地交換關係的再探討》，《上海博物館集刊——建館四十週年特輯》第 6 期，1992 年。
40. 李朝遠：《曶鼎諸銘文拓片之比勘》，《上海文博論叢》2009 年 1 期。
41. 李朝遠：《青銅器學步集》，文物出版社，2007 年。
42. 李朝遠：《論西周社會分層秩序的地位群體——卿大夫》，《人文雜誌》1990 年 1 期。
43. 李家浩：《季姬方尊銘文補釋》，《黄盛璋先生八秩華誕紀念文集》，中國教育文化出版社，2005 年。
44. 李家浩：《南越王墓車馹虎節銘文考釋》，《容庚先生百年誕辰紀念文集》，廣東人民出版社，1998 年。
45. 李家浩：《先秦文字中的「縣」》，《文史》第 28 輯，中華書局，1987 年。
46. 李家浩：《楚簡所記楚人祖先「毓（鬻）熊」與「穴熊」為一人說——兼說上古音幽部與微、文二部音轉》，《文史》第 3 輯，中華書局，2010 年。

47. 李家浩:《齊國文字中的「遂」》,《著名中年語言學家自選集·李家浩卷》,安徽教育出版社,2002 年。
48. 李根蟠:《二十世紀的中國古代經濟史研究》,《歷史研究》1999 年 3 期。
49. 李根蟠:《從銀雀山竹書〈田法〉看戰國畝產和生產率》,《中國史研究》1999 年 4 期。
50. 李根蟠、盧勳:《略論西周與西雙版納傣族封建經濟制度的差異》,《民族研究》1980 年 6 期。
51. 李根蟠:《西周耕作制度簡論——兼評對「菑、新、畬」的各種解釋》,《文史》第 15 輯,中華書局,1982 年。
52. 李零:《讀楊家村出土的虞逑諸器》,《中國歷史文物》2003 年 3 期。
53. 李零:《李零自選集》,廣西師範大學,1998 年。
54. 李零:《簡帛古書與學術源流》,生活·讀書·新知三聯書店,2004 年。
55. 李濟:《如何研究中國青銅器——青銅器的六個方面》,《李濟文集》第 1 卷,上海人民出版社,2006 年。
56. 李濟:《記小屯出土之青銅器》,《李濟文集》第 3 卷,上海人民出版社,2006 年。
57. 李濟:《殷墟銅器研究》,《李濟文集》第 4 卷,上海人民出版社,2006 年。
58. 李仲操:《也談靜方鼎銘文》,《文博》2001 年 3 期。
59. 李仲操:《再論墻盤年代、微宗國別——兼與黄盛璋同志商榷》,載入尹盛平編《西周微氏家族青銅器群研究》,文物出版社,1992 年。
60. 李仲操:《燕侯克罍盉銘文簡釋》,《考古與文物》1997 年 1 期。
61. 李豐:《黄河流域西周墓葬出土青銅禮器的分期與年代》,《考古》1988 年 4 期。
62. 李伯謙:《叔夨方鼎銘文考釋》,《文物》2001 年 8 期。
63. 李平心:《卜辭金文中所見社會經濟史實考釋》,《甲骨文獻集成》第 26 冊,四川大學出版社,2001 年。
64. 李播:《「賁」為貫證》,《考古》2007 年 11 期。

65. 李憣：《〈倗生簋〉「典」的交易性質》，《黑龍江教育學院學報》2008 年 10 期。

66. 李慶東：《建國以來井田制研究述評》，《史學集刊》1989 年 1 期。

67. 李福泉：《訇簋銘文的綜合研究》，《金文文獻集成》第 28 冊，線裝書局，2005 年。

68. 李雲泉：《朝貢制度史論——中國古代對外關係體制研究》，新華出版社，2004 年。

69. 李修松：《簡析周代的畝與田》，《農業考古》1987 年 1 期。

70. 李健民：《西周時期的青銅矛》，《考古》1997 年 3 期。

71. 梁啟超著，朱維錚校註：《梁啟超論清史學二種》，復旦大學出版社，1985 年。

72. 林澐：《林澐學術文集》，中國大百科全書出版社，1998 年。

73. 林澐：《琱生簋新釋》，《古文字研究》第 3 輯，中華書局，1980 年。

74. 林澐：《琱生三器新釋》，復旦大學出土文獻與古文字研究中心網站，2007 年 12 月 21 日。

75. 林澐：《究竟是「翦伐」還是「撲伐」》，《古文字研究》第 25 輯，中華書局，2004 年。

76. 林澐：《從武丁時代的幾種「子卜辭」試論商代的家族形態》，《古文字研究》第 1 輯，中華書局，1979 年。

77. 林澐：《關於中國早期國家形式的幾個問題》，《吉林大學社會科學學報》1986 年 6 期。

78. 林澐：《新版〈金文編〉正文部分釋字商榷》，1990 年中國古文字研究會南京第九屆年會論文。

79. 林澐、張亞初：《〈對揚補釋〉質疑》，《金文文獻集成》第 36 冊，線裝書局，2005 年。

80. 林甘泉：《對西周土地關係的幾點新認識——讀岐山董家村出土銅器銘文》，《文物》1976 年 5 期。

81. 林甘泉：《中國古代土地私有化的具體途徑》，文物出版社編輯部《文物與考古論集》，文物出版社，1986 年。

82. 林宛容：《金文的物量表示法》，《中國文字》，新 32 期，臺灣藝文印書館，2006 年。

83. 劉釗：《古文字考釋叢稿》，嶽麓書社，2005 年。

84. 劉釗：《古文字構形學》，福建人民出版社，2006 年。

85. 劉釗：《甲骨文字考釋》，《古文字研究》第 19 輯，中華書局，1992 年。

86. 劉釗：《利簋銘文新解》，《古文字研究》第 26 輯，中華書局，2006 年。

87. 劉釗：《殷有「封人」說》，《甲骨文獻集成》第 13 冊，四川大學出版社，2001 年。

88. 劉釗：《讀秦簡字詞劄記》，載入其《出土簡帛文字叢考》，臺灣古籍出版有限公司，2004 年。

89. 劉釗：《卜辭所見殷代的軍事活動》，《古文字研究》第 16 輯，中華書局，1989 年。

90. 劉釗：《釋甲骨文耤、羲、蟺、敖、戕諸字》，《吉林大學社會科學學報》1990 年 2 期。

91. 劉釗：《釋「儥」及相關諸字》，《出土簡帛文字叢考》，臺灣古籍出版有限公司，2004 年。

92. 劉雨：《金文論集》，紫禁城出版社，2008 年。

93. 劉雨：《多友鼎銘的時代與地名考訂》，《金文文獻集成》第 28 冊，線裝書局，2005 年。

94. 劉啟益：《西周紀年》，廣東教育出版社，2002 年。

95. 劉啟益：《微氏家族銅器與西周銅器斷代》，《考古》1978 年 5 期。

96. 劉啟益：《西周金文中所見的周王后妃》，《考古與文物》1980 年 4 期。

97. 劉啟益：《西周銅器斷代研究的反思》，《揖芬集——張政烺先生九十華誕紀念文集》，社會科學文獻出版社，2002 年。

98. 劉啟益：《靜方鼎等三器是西周昭王十六年銅器》，《中國歷史文物》2009 年 4 期。

99. 劉啟益：《西周矢國銅器的新發現與有關歷史地理問題》，《考古與文物》

1982 年 2 期。

100. 劉啟益：《銅器銘文宜、虞、夨的地望及其與吳國的關係》，《金文文獻集成》第 40 冊，線裝書局，2005 年。

101. 劉翔：《多友鼎銘兩議》，《金文文獻集成》第 28 冊，線裝書局，2005 年。

102. 劉翔：《賈字考源》，《甲骨文獻集成》第 13 冊，四川大學出版社，2001 年。

103. 劉桓：《重釋金文「攝」字》，《古文字研究》第 28 輯，中華書局，2010 年。

104. 劉桓：《試說西周金文中關於井田的兩條史料》，《人文雜誌》1993 年 4 期。

105. 劉海年：《戰國秦代法制管窺》，法律出版社，2006 年。

106. 劉心源：《古文審》，《金文文獻集成》第 11 冊，線裝書局，2005 年。

107. 劉心源：《奇觚室吉金文述》，《金文文獻集成》第 13 冊，線裝書局，2005 年。

108. 劉華夏：《金文字體與銅器斷代》，《考古學報》2010 年 1 期。

109. 劉起釪：《尚書校釋譯論》，中華書局，2005 年。

110. 劉建國：《宜侯夨簋與吳國關係新探》，《東南文化》1988 年 2 期。

111. 劉傳賓：《西周青銅器銘文土地轉讓研究》，吉林大學 2007 年碩士學位論文。

112. 劉豐：《百年來〈周禮〉研究的回顧》，《湖南科技學院學報》2006 年 2 期。

113. 劉宗漢：《金文貯字研究中的三個問題》，《古文字研究》第 15 輯，中華書局，1986 年。

114. 劉德浩：《琱生三器研究》，華南師範大學 2009 年碩士論文。

115. 〔清〕梁詩正等編：《西清古鑑》，《金文文獻集成》第 3 冊，線裝書局，2005 年。

116. 梁彥民：《西周時期的四耳青銅簋研究》，《江漢考古》2009 年 2 期。

117. 梁彥民：《豐鎬地區出土西周青銅容器的分期斷代研究》，西北大學 2002

年碩士論文。

118. 連劭名：《〈倗生簋〉銘文新釋》，《人文雜誌》1986 年 3 期。

119. 連劭名：《商代禮制論叢》，《華學》第 2 輯，中山大學出版社，1996 年。

120. 連劭名：《周生簋銘文所見史實考述》，《考古與文物》2000 年 6 期。

121. 連劭名：《兩件商代青銅器銘文新證》，《中國歷史文物》2009 年 6 期。

122. 盧連成：《西周矢國史跡考略及相關問題》，《金文文獻集成》第 40 冊，線裝書局，2005 年。

123. 盧連成、尹盛平：《古矢國遺址、墓地調查記》，《文物》1982 年 2 期。

124. 盧連成、羅英傑：《陝西武功縣出土楚簋諸器》，《考古》1981 年 2 期。

125. 羅振玉：《貞松堂集古遺文》，《金文文獻集成》第 24 冊，線裝書局，2005 年。

126. 羅西章：《從周原考古論西周農業》，《農業考古》1995 年 1 期。

127. 羅西章：《宰獸簋銘略考》，《文物》1998 年 8 期。

128. 羅西章：《扶風出土的商周青銅器》，《考古與文物》1980 年 4 期。

129. 羅衛東：《讀〈五年琱生尊〉銘文札記》，《北京師範大學學報》（社科版）2008 年 3 期。

130. 羅琨：《試論商代殷都人口的自然構成——兼談如何利用考古資料研究歷史》，《考古》1995 年 4 期。

131. ［北宋］呂大臨：《考古圖》，《金文文獻集成》第 1 冊，線裝書局，2005 年。

132. 呂文郁：《周代的采邑制度》（增訂版），社科文獻出版社，2006 年。

133. 黎翔鳳：《管子校注》，中華書局，2004 年。

134. ［美］路易士·亨利·摩爾根著，楊東蒓等譯：《古代社會》，商務印書館，1981 年。

M

1. ［德］馬克思著，日知（林志純）譯：《資本主義生產以前各形態》，人民出版社，1956 年。

2. 〔德〕馬克思等：《馬克思恩格斯論中國》，人民出版社，1950 年。

3. 〔德〕馬克思：《資本論·超額利潤轉化為地租·導論》，中共中央馬克思恩格斯列寧斯大林著作編譯局編譯《馬克思恩格斯全集》（第 2 版）第 25 卷下冊。

4. 馬曜：《馬曜文集》第 1 卷，雲南人民出版社，2008 年。

5. 〔台〕馬希仁：《西周的土地買賣》，《中國文字》新 9 期，1984 年。

6. 馬軍霞：《出土商周青銅卣研究》，西北大學 2006 年碩士學位論文。

7. 馬承源主編：《上海博物館藏戰國楚竹書（二）》，上海古籍出版社，2002 年。

8. 馬承源主編：《上海博物館藏戰國楚竹書（四）》，上海古籍出版社，2004 年。

9. 馬承源主編：《上海博物館藏戰國楚竹書（五）》，上海古籍出版社，2005 年。

10. 馬承源：《中國青銅器》，上海古籍出版社，1988 年。

11. 馬承源主編：《商周青銅器銘文選》第 3 卷，文物出版社，1988 年。

12. 馬承源：《中國青銅器研究》，上海古籍出版社，2002 年。

13. 馬承源等：《陝西眉縣出土窖藏青銅器筆談》，《文物》2003 年 6 期。

14. 穆曉軍：《陝西長安縣出土西周吳虎鼎》，《考古與文物》1998 年 3 期。

15. 麻愛民：《牆盤銘文集釋與考證》，東北師範大學 2002 年碩士論文。

16. 孟婷：《商周青銅器上的渦紋研究》，吉林大學 2009 年碩士學位論文。

N

1. 寧志奇、徐式文：《四川綿竹縣發現西周小臣伯鼎》，《考古》1988 年 6 期。

2. 內蒙古農業技術推廣站：《玉米全膜雙壟溝播栽培技術成為大災之年赤峰市農技推廣新亮點》，內蒙古農業技術推廣網（http://www.nmstatefarm.org），2010 年 6 月 12 日發佈。

3. 牛濟普：《格國、倗國考》，《中原文物》2003 年 4 期。

P

1. 彭裕商：《西周青銅器年代綜合研究》，巴蜀書社，2003 年。
2. 彭裕商：《周伐玁狁及相關問題》，《歷史研究》2004 年 3 期。
3. 彭裕商：《西周金文中的「賈」》，《考古》2003 年 2 期。
4. 彭裕商：《周初的殷代遺民》，《四川大學學報》（哲社版）2002 年 6 期。
5. 龐懷清：《陝西省岐山縣董家村西周銅器窖穴發掘簡報》，《文物》1976 年 5 期。
6. 龐懷清、鎮烽等：《陝西省岐山縣董家村西周銅器窖穴發掘簡報》，《文物》1976 年 5 期。
7. 龐卓恒：《關於西周的勞動生產方式、生產率和人口估測》，《天津師大學報》（社科版）1998 年 5 期。
8. 潘建明：《金文所見西周宗族國家形態芻議》，《金文文獻集成》第 40 冊，線裝書局，2005 年。

Q

1. 《曲沃北趙晉侯墓地 M114 出土叔夨方鼎及相關問題研究筆談》，《文物》2002 年 5 期。
2. 裘錫圭：《古文字論集》，中華書局，1992 年。
3. 裘錫圭：《釋「受」》，《容庚先生百年誕辰紀念文集》，廣東人民出版社，1998 年。
4. 裘錫圭：《從幾件周代銅器銘文看宗法制度下的所有制》，《裘錫圭學術文化隨筆》，中國青年出版社，1999 年。
5. 裘錫圭：《關於商代的宗族組織與貴族和平民兩個階級的初步研究》，《文史》第 17 輯，中華書局，1983 年。
6. 裘錫圭：《甲骨卜辭中所見的「田」「牧」「衛」等職官的研究——兼論「侯」「甸」「男」「衛」等幾種諸侯的起源》，《文史》第 19 輯，中華書局，1983 年。
7. 裘錫圭：《說殷墟卜辭的「奠」——試論商人處置服屬者的一種方法》，載《中央研究院歷史語言研究所集刊》第 64 本第 3 分冊，1993 年。

8. 裘錫圭：《西周糧田考》，載張永山主編《胡厚宣先生紀念文集》，科學出版社，1999 年。

9. 裘錫圭：《釋「貫」》，中國古文字研究會第九屆學術討論會論文（未刊），1992 年。

10. 裘錫圭：《「花東子卜辭」和「子組卜辭」中指稱武丁的「丁」可能應讀為「帝」》，《黃盛璋先生八秩華誕紀念文集》，中國教育文化出版社，2005 年。

11. 喬美美：《商周青銅鬲研究》，陝西師範大學 2008 年碩士學位論文。

12. 齊思和：《周代錫命禮考》，《金文文獻集成》第 40 冊，線裝書局，2005 年。

13. 齊思和：《孟子井田說辨》，《中國史探研》，中華書局，1981 年。

14. 齊文濤：《概述近年來山東出土的商周青銅器》，《文物》1972 年 5 期。

15. 戚桂宴：《永盂銘殘字考釋》，《金文文獻集成》第 28 冊，線裝書局，2005 年。

16. 曲英傑：《散盤圖說》，《西周史研究——人文雜誌叢刊第二輯》，1984 年。

17. 曲英傑（《周代都城比較研究》，《中國史研究》1997 年 2 期。

18. 屈萬里：《西周史事概述》，《金文文獻集成》第 40 冊，線裝書局，2005 年。

19. 〔清〕錢坫：《十六長樂堂古器款識考》，《金文文獻集成》第 2 冊，線裝書局，2005 年。

20. 錢宗范：《「朋友」考》，《金文文獻集成》第 36 冊，線裝書局，2005 年。

R

1. 容庚：《金文編》，中華書局，1985 年。

2. 容庚：《商周彝器通考》，《金文文獻集成》第 37 冊，線裝書局，2005 年。

3. 任偉：《西周封國考疑》，社會科學文獻出版社，2004 年。

4. 任偉：《西周早期金文中的召公家族與燕君世系》，《中國歷史文物》2003 年 1 期。

5. 任偉：《西周燕國銅器與召公封燕問題》，《考古與文物》2008 年 2 期。

S

1. 陝西省考古研究院商周考古研究部:《陝西夏商周考古發現與研究》,《考古與文物》2008 年 6 期。
2. 陝西省考古研究所、寶雞市考古工作隊等:《陝西眉縣楊家村西周青銅器窖藏發掘簡報》,《文物》2003 年 6 期。
3. 陝西周原考古隊:《西周微氏家族青銅器群研究》,文物出版社,1992 年。
4. 陝西周原考古隊:《陝西扶風莊白一號西周青銅器窖藏發掘簡報》,《文物》1978 年 3 期。
5. 陝西文物局等編:《盛世吉金:陝西寶雞眉縣青銅器窖藏》,北京出版社,2003 年。
6. 山西省考古研究所、運城市文物工作站等:《山西絳縣橫北西周墓發掘簡報》,《文物》2006 年 8 期。
7. 山西省考古研究所等:《山西絳縣橫北西周墓發掘簡報》,《文物》2006 年 8 期。
8. 山西省文物工作委員會:《侯馬盟書》,文物出版社,1976 年。
9. 睡虎地秦墓竹簡整理小組編:《睡虎地秦墓竹簡》,文物出版社,1990 年。
10. 上海博物館青銅器研究組編:《商周青銅器紋飾》,文物出版社,1984 年。
11. 上海博物館編:《盂鼎克鼎》,上海博物館,1959 年。
12. 尚秀妍:《兮甲盤銘匯釋》,《殷都學刊》2001 年 4 期。
13. 〔清〕孫詒讓:《周禮正義》,中華書局,1987 年。
14. 〔清〕孫詒讓:《古籀餘論》,《金文文獻集成》第 13 冊,線裝書局,2005 年。
15. 孫常敘:《曶鼎銘文通釋》,《金文文獻集成》第 28 冊,線裝書局,2005 年。
16. 孫常敘:《則、灋度量則、則誓三事試解》,《古文字研究》第 7 輯,中華書局,1982 年。
17. 孫海波:《周金地名小記》,《金文文獻集成》第 40 冊,線裝書局,2005 年。

18. 孫承平：《身高二米六四的蒙古巨人》，《化石》1983 年 2 期。
19. 孫壯：《澂秋館吉金圖》，《金文文獻集成》第 19 冊，線裝書局，2005 年。
20. 孫翊剛：《中國財政史》，中國社會科學出版社，2003 年。
21. 孫瑞：《〈周禮〉中版圖文書制度與人口土地資源管理探析》，《人口學刊》，2003 年 3 期。
22. 盛冬鈴：《西周銅器銘文中的人名及其對斷代的意義》，《文史》第 17 輯，中華書局，1983 年。
23. 施勁松：《長江流域青銅器研究》，文物出版社，2003 年。
24. 沙宗元：《試說「旻」及相關的幾個字》，《古文字研究》第 25 輯，中華書局，2004 年。
25. 史言：《眉縣楊家村大鼎》，《文物》1972 年 7 期。
26. 史樹青：《無敄鼎的發現及其意義》，《文物》1985 年 1 期。
27. 史紅慶：《從金文資料看西周土地管理的多重性》，陝西師範大學 2009 年碩士學位論文。
28. 史念海：《黄土高原歷史地理研究》，黄河水利出版社，2001 年。
29. 沈文倬：《反與耤》，《金文文獻集成》第 36 冊，線裝書局，2005 年。
30. 沈長雲：《西周人口蠡測》，《中國社會經濟史研究》1987 年 1 期。
31. 沈長雲：《說燕國的分封在康王之世——兼說銘有「匽侯」的周初青銅器》，《中國歷史博物館館刊》1999 年第 2 期。
32. 沈長雲：《周代司徒之職辨非》，《中國史研究》1985 年 3 期。
33. 沈長雲：《從銀雀山竹書〈守法〉、〈守令〉等十三篇論及戰國時期的爰田制》，《中國社會經濟史研究》1991 年 2 期。
34. 沈融：《商與西周青銅矛研究》，《考古學報》1998 年 4 期。
35. 沈建華：《卜辭所見商代的封疆與納貢》，《中國史研究》2004 年 4 期。
36. 沈寶春：《郭店〈語叢〉四「一王母保三嬰娩」解》，武漢大學簡帛研究中心網站，2009 年 12 月 7 日。
37. 尚志儒：《試論西周金文中的人鬲問題》，《金文文献集成》第 40 冊，線裝書局，2005 年。

38. 邵鴻：《卜辭、金文中「貯」字為「賈」之本字說補證》，《南方文物》1993 年 1 期。

39. 宋鎮豪等主編：《西周文明論集》，朝華出版社，2003 年。

40. 宋華強：《新出內史亳器「虒」字用法小議》，武漢大學簡帛研究中心網站（http://www.bsm.org.cn），2010 年 5 月 3 日。

41. 湛嵐：《釋「眔作楷不喪」》，《甲骨文獻集成》第 13 冊，四川大學出版社，2001 年。

42. 商豔濤：《金文中的「征」》，《語言科學》，第 8 卷 2 期，2009 年 3 月。

T

1. 天津市文物管理處：《天津市發現西周殺簋蓋》，《文物》1979 年 2 期。

2. 唐山市文物管理處等：《河北遷安縣小山東莊西周時期墓葬》，《考古》1997 年 4 期。

3. 譚其驤主編：《中國歷史地圖集》（第一冊），中國地圖出版社，1982 年。

4. 譚戒甫：《西周「舀」器銘文綜合研究》，《金文文獻集成》第 28 冊，線裝書局，2005 年。

5. 譚戒甫：《西周晚季𧊒器銘文的研究》，《金文文獻集成》第 28 冊，線裝書局，2005 年。

6. 唐蘭：《西周銅器斷代中的「康宮問題」》，《考古學報》1962 年 1 期。

7. 唐蘭：《略論西周微史家族窖藏銅器群的重要意義》，《文物》1978 年 3 期。

8. 唐蘭：《論周昭王時代的青銅器銘刻》，《古文字研究》第 2 輯，中華書局，1981 年。

9. 唐蘭：《西周青銅器銘文分代史徵》，中華書局，1986 年。

10. 唐蘭：《唐蘭先生金文論集》，紫禁城出版社，1995 年。

11. 唐蘭：《陝西省岐山縣董家村新出西周重要銅器銘辭的譯文和注釋》，《文物》1976 年 5 期。

12. 唐蘭：《宜侯夨簋考釋》，《金文文獻集成》第 28 冊，線裝書局，2005 年。

13. 唐蘭：《用青銅器銘文來研究西周史——綜論寶雞市近年發現的一批青

銅器的重要歷史價值》，《文物》1976 年 6 期。

14. 唐蘭：《史䛐簋銘考釋》，《金文文獻集成》第 28 冊，線裝書局，2005 年。
15. 唐嘉弘編：《先秦史論集（徐中舒教授九十誕辰紀念論文集）》，中州古籍出版社出版，1989 年。
16. 唐嘉弘：《試談周王和楚君的關係——讀周原甲骨「楚子來告」劄記》，《文物》1985 年 7 期。
17. 唐鈺明：《其、厥考辨》，《著名中年語言學家自選集 · 唐鈺明卷》，安徽教育出版社，2002 年。
18. 湯淑君：《河南商周青銅器蟬紋及其相關問題》，《中原文物》2004 年 6 期。
19. 涂白奎：《〈季姬方尊〉銘文釋讀補正》，《考古與文物》2006 年 4 期。
20. 田居儉：《中國奴隸社會與封建社會分期討論三十年》，《歷史研究》編輯部編《建國以來史學理論問題討論舉要》，齊魯書社，1983 年。
21. 田醒農、雒忠如：《多友鼎的發現及其銘文試釋》，《人文雜誌》1981 年 4 期。

W

1. 〔清〕王念孫：《讀書雜志》第 2 冊，北京市中國書店，1985 年。
2. 〔清〕王先謙：《詩三家義集疏》，中華書局，1987 年。
3. 《文物》編輯部：《陝西眉縣出土窖藏青銅器筆談》，《文物》2003 年 6 期。
4. 王國維：《觀堂集林》（外二種），河北教育出版社，2003 年。
5. 王國維：《散氏盤考釋》，《古史新證——王國維最後的講義》，清華大學出版社，1994 年。
6. 王輝：《吳虎鼎銘座談紀要》，《考古與文物》1998 年 3 期。
7. 王輝：《逨盤銘文箋釋》，《考古與文物》2003 年 3 期。
8. 王輝：《琱生三器考釋》，《考古學報》2008 年 1 期。
9. 王輝：《商周金文》，文物出版社，2006 年。
10. 王輝：《一粟集——王輝學術文存》，臺灣藝文印書館，2002 年。

11. 王玉哲：《中華遠古史》，上海人民出版社，2000 年。

12. 王玉哲：《〈琱生簋銘新探〉跋》，《中華文史論叢》1989 年第 1 期。

13. 王玉哲：《西周春秋時的「民」的身份問題——兼論西周春秋時的社會性質》，載入其《古史集林》，中華書局，2002 年。

14. 王暉：《作冊旂器銘與西周分封賜土禮儀考》，《中國歷史文物》2005 年 1 期。

15. 王暉：《從虘簋銘看西周井田形式及宗法關係下的分封制》，《考古與文物》2000 年 6 期。

16. 王世民：《郭沫若同志與殷周銅器的考古學研究》，《考古》1982 年 6 期。

17. 王世民、陳公柔、張長壽：《西周青銅器分期斷代研究》，文物出版社，1999 年。

18. 王人聰：《談衛盉、衛鼎銘文所反映的西周田制》，載入其《古璽印與古文字論集》，香港中文大學文物館，2000 年。

19. 王人聰：《琱生簋銘「僕墉土田」辨析》，《考古》1994 年 5 期。

20. 王貴民：《就甲骨文所見試說商代的王室田莊》，《甲骨文獻集成》第 26 冊，四川大學出版社，2001 年。

21. 王貴民：《試論貢、賦、稅的早期歷程——先秦時期貢、賦、稅源流考》，載入吳才麟、文明等編《中國古代財政史研究》（夏、商、西周時期），中國財政經濟出版社，1990 年。

22. 王占奎：《關於靜方鼎的幾點看法》，《文物》1998 年 5 期。

23. 王占奎：《琱生三器銘文考釋》，《考古與文物》2007 年 5 期。

24. 王長豐：《〈靜方鼎〉的時代、銘文書寫者及其相關聯的地理、歷史》，《華夏考古》2006 年 1 期。

25. 王長豐：《近出𡇙卑盉銘文考釋》，《中原文物》2010 年 6 期。

26. 王帥：《西周早期金文字形書體演變研究與銅器斷代》，陝西師範大學 2005 年碩士學位論文。

27. 王進鋒：《新出〈五年琱生尊〉與琱生諸器新釋》，《歷史教學》2008 年 6 期。

28. 王培真：《金文中所見西周世族的產生和世襲》，《金文文獻集成》第 40 冊，線裝書局，2005 年。
29. 王蘊智：《「典」「冊」考源》，《殷都學刊》1994 年 4 期。
30. 王彥飛：《西周春秋農官考》，吉林大學 2006 年碩士學位論文。
31. 王祥：《說虎臣與庸》，《金文文獻集成》第 28 冊，線裝書局，2005 年。
32. 王育民：《先秦時期人口芻議》，《上海師範大學學報》（哲社版）1990 年 2 期。
33. 〔北宋〕王黼：《宣和博古圖》，《金文文獻集成》第 2 冊，線裝書局，2005 年。
34. 王慎行：《周公攝政稱王質疑》，《周公攝政稱王與周初史事論集》，北京圖書出版社，1998 年。
35. 王冠英：《親簋考釋》，《中國歷史文物》2006 年 3 期。
36. 王沛：《「獄刺」背景下的西周族產析分——以琱生器及相關器銘為中心的研究》，《法制與社會發展》2009 年 5 期。
37. 王龍正、姜濤等：《新發現的柞伯簋及其銘文考釋》，《文物》1998 年 9 期。
38. 〔清〕阮元：《積古齋鐘鼎彝器款識》，《金文文獻集成》第 10 冊，線裝書局，2005 年。
39. 〔清〕吳式芬：《攈古錄金文》，《金文文獻集成》第 11 冊，線裝書局，2005 年。
40. 〔清〕吳榮光：《筠清館金文》，《金文文獻集成》第 12 冊，線裝書局，2005 年。
41. 〔清〕吳大澂：《窸齋集古錄》，《金文文獻集成》第 12 冊，線裝書局，2005 年。
42. 〔清〕吳大澂：《恒軒所見所藏吉金錄》，《金文文獻集成》第 8 冊，線裝書局，2005 年。
43. 〔清〕吳大澂：《字說．工字說》，《金文文獻集成》第 18 冊，線裝書局，2005 年。

44. 吳其昌：《金文厤朔疏證》，《金文文獻集成》第 38 冊，線裝書局，2005 年。

45. 吳鎮烽：《金文人名彙編》（修訂本），中華書局，2006 年。

46. 吳鎮烽：《陝西金文彙編》，三秦出版社，1989 年。

47. 吳鎮烽、雒忠如：《陝西省扶風縣強家村出土的西周銅器》，《文物》1975 年 8 期。

48. 吳鎮烽：《史密簋銘文考釋》，《考古與文物》1989 年 3 期。

49. 吳鎮烽：《金文研究劄記》，《金文文獻集成》第 38 冊，線裝書局，2005 年。

50. 吳鎮烽：《內史亳豐同的初步研究》，《考古與文物》2010 年 2 期。

51. 吳慧：《井田制考索》，農業出版社，1985 年。

52. 吳慧：《春秋戰國時期的度量衡》，《中國經濟史研究》1991 年 4 期。

53. 吳慧：《中國歷代糧食畝產研究》，農業出版社，1985 年。

54. 吳紅松：《西周金文賞賜物品及其相關問題研究》，安徽大學 2006 年博士學位論文。

55. 吳紅松：《西周金文土地賞賜述論》，《安徽農業大學學報》（社科版）2009 年 6 期。

56. 吳良寶：《談戰國文字地名考證中的幾個問題》，華東師範大學中國文字研究與應用中心主辦「網絡時代與中國文字研究」國際高級專家研討會會議論文，2010 年 9 月 16 至 19 日。

57. 吳偉：《銅斝研究》，陝西師範大學 2009 年碩士論文。

58. 吳振玉：《兩周金文詞類研究（虛詞篇）》，吉林大學 2006 年博士學位論文。

59. 吳佳琳：《〈周禮〉中農業管理制度探討》，吉林大學 2009 年碩士學位論文。

60. 吳才麟、文明等編：《中國古代財政史研究》（夏、商、西周時期），中國財政經濟出版社，1990 年。

61. 吳澤、李朝遠：《論西周的卿大夫與采田》，載入唐嘉弘編《先秦史論集

（徐中舒教授九十誕辰紀念論文集）》，中州古籍出版社出版，1989 年。
62. 吳大焱、羅英傑：《陝西武功縣出土駒父盨蓋》，《文物》1976 年 5 期。
63. 吳良寶：《戰國楚簡地名輯證》，武漢大學出版社，2010 年。
64. 吳榮曾：《周代的農村公社制度》，《先秦兩漢史研究》，中華書局，1995 年。
65. 萬樹瀛：《滕縣後荊溝出土不嬰簋等青銅器群》，《文物》1981 年 9 期。
66. 汪寧生：《「小臣」之稱謂由來及身份》，《華夏考古》2002 年 1 期。

X

1. 夏商周斷代工程專家組編著：《夏商周斷代工程 1996～2000 年階段成果報告（簡本）》，世界圖書出版公司，2000 年。
2. 夏含夷：《測定多友鼎的年代》，《考古與文物》1985 年 6 期。
3. 夏含夷：《四十二年、四十三年兩件吳逨鼎的年代》，《中國歷史文物》2003 年 5 期。
4. 〔清〕徐同柏：《從古堂款識學》，《金文文獻集成》第 10 冊，線裝書局，2005 年。
5. 徐中舒：《𧻚敦考釋》，《中研院歷史語言研究所集刊論文類編．語言文字編．文字卷》，中華書局，2009 年。
6. 徐中舒：《徐中舒歷史論文選輯》，中華書局，1998 年。
7. 徐中舒：《西周史論述（上、下）》，《金文文獻集成》第 40 冊，線裝書局，2005 年。
8. 徐中舒：《禹鼎的年代及其相關問題》，《金文文獻集成》第 28 冊，線裝書局，2005 年。
9. 徐中舒：《耒耜考》，《農業考古》1983 年 1 期。
10. 徐喜辰：《井田制度研究》，吉林人民出版社，1982 年。
11. 徐宗元：《金文中所見官名考》，《福建師範學院學報》（社科版）1957 年 2 期。
12. 徐天進：《日本出光美術館收藏的靜方鼎》，《文物》1998 年 5 期。

13. 徐世權:《出土商周時期青銅器銘文中的國名考察》,吉林大學 2009 年碩士學位論文。

14. 徐義華:《新出土〈五年琱生尊〉與琱生器銘試析》,《中國史研究》2007 年 2 期。

15. 徐寶貴:《商周青銅器銘文避複研究》,《考古學報》2002 年 3 期。

16. 徐錫臺:《周原甲骨文綜述》,三秦出版社,1987 年。

17. 許倬雲:《西周史》(增補本),生活·讀書·新知三聯書店,1999 年。

18. 謝維揚:《中國早期國家》,浙江人民出版社,1995 年。

19. 謝乃和:《金文中所見西周王后事蹟考》,《華夏考古》2008 年 3 期。

20. 謝彥華:《古代地理研究·金文地名表》,《金文文獻集成》第 40 冊,線裝書局,2005 年。

21. 肖夢龍:《母子墩墓青銅器及有關問題探索》,《文物》1984 年 5 期。

22. 項懷誠主編:《中國財政通史·中國財政起源和夏商西周卷》,中國財政經濟出版社,2006 年。

23. 辛怡華、劉宏岐:《周原——西周時期異姓貴族的聚居地》,《文博》2002 年 5 期。

24. 〔日〕小川琢治著,汪馥泉譯:《散氏盤地名考》,《金文文獻集成》第 29 冊,線裝書局,2005 年。

Y

1. 〔日〕伊藤道治:《裘衛諸器考——關於西周土地所有制形態的我見》,《金文文獻集成》第 40 冊,線裝書局,2005 年。

2. 銀雀山漢墓竹簡整理小組編:《銀雀山漢墓竹簡》(壹),文物出版社,1985 年。

3. 殷瑋璋:《新出土的太保銅器及其相關問題》,《考古》1990 年 1 期。

4. 殷偉仁:《「錫……人鬲,自馭至於庶人」解》,《人文雜誌》1988 年 1 期。

5. 尹弘兵:《周昭王南征對象考》,《人文雜誌》2008 年 2 期。

6. 尹盛平編:《西周微氏家族青銅器群研究》,文物出版社,1992 年。

7. 尹盛平:《周原文化與西周文明》,南京鳳凰出版社,2004 年。

8. 陰鈴鈴：《兩周青銅匜研究》，陝西師範大學 2008 年碩士學位論文。
9. 葉正渤：《20 世紀以來西周金文月相問題研究綜述》，《徐州師範大學學報》（哲社版）2004 年 5 期。
10. 楊樹達：《積微居金文說》，《金文文獻集成》第 25 冊，線裝書局，2005 年。
11. 楊樹達：《積微居小學述林》，《金文文獻集成》第 36 冊，線裝書局，2005 年。
12. 楊向奎：《楊向奎集》，中國社會科學出版社，2006 年。
13. 楊向奎《中國古代社會與古代思想研究》上冊，上海人民出版社，1962 年。
14. 楊向奎：《「宜侯夨簋」釋文商榷》，《文史哲》1987 年 6 期。
15. 楊伯峻：《論語譯注》，中華書局，1980 年。
16. 楊亞長：《金文所見之益公、穆公與武公考》，《考古與文物》2004 年 6 期。
17. 楊天宇：《關於〈周禮〉書名、發現及其在漢代的流傳》，《史學月刊》1999 年 4 期。
18. 楊天宇：《略述〈周禮〉的成書時代與真偽》，《鄭州大學學報》（哲社版）2000 年 4 期。
19. 楊雷：《周原空間結構芻議》，《華夏考古》2008 年 3 期。
20. 楊筠如：《周代官名略考》，《金文文獻集成》第 40 冊，線裝書局，2005 年。
21. 楊寬：《西周史》，上海人民出版社，1999 年。
22. 楊寬：《釋「臣」和「鬲」》，《金文文獻集成》第 40 冊，線裝書局，2005 年。
23. 楊寬：《戰國史》，上海人民出版社，1980 年。
24. 楊寬：《先秦史十講》，復旦大學出版社，2006 年。
25. 楊寬：《雲夢秦簡所反映的土地制度和農業政策》，《上海博物館集刊》（建館三十週年特輯），上海古籍出版社，1983 年。

26. 楊善群：《西周農業生產和耕作方法探論》，《史林》1992 年 2 期。

27. 楊國勇、苗潤蓮：《兩周人口的增減及分佈的變化》，載入宋鎮豪等主編《西周文明論集》，朝華出版社，2003 年。

28. 楊鶴書、陳啟新：《獨龍族父系氏族中的家庭公社試析》，《文物》1976 年 8 期。

29. 嚴志斌：《季姬方尊補釋》，《中國歷史文物》2005 年 6 期。

30. 嚴志斌：《關於商周「小子」的幾點看法》，《文物春秋》2001 年 6 期。

31. 嚴志斌：《四版〈金文編〉校補》，吉林大學出版社，2001 年。

32. 嚴一萍：《說「屮」》，《甲骨文獻集成》第 13 冊，四川大學出版社，2001 年。

33. 嚴一萍：《卜辭四方風新議》，《甲骨古文字研究》第 1 輯，臺灣藝文印書館，1976 年。

34. 于省吾：《關於商周時代對於「禾」「積」或土地有限度的賞賜》，中國考古學會編《中國考古學會第一次年會論文集》（1979 年），文物出版社，1980 年。

35. 于省吾：《甲骨文字釋林》，中華書局，1979 年。

36. 于省吾：《釋鬲隸》，《史學集刊》1981 年 00 期。

37. 于省吾：《關於〈釋臣和鬲〉一文的幾點意見》、《釋奴、婢》，《金文文獻集成》第 40 冊，線裝書局，2005 年。

38. 于省吾：《略論西周金文中的「六自」和「八自」以及其屯田制》，《金文文獻集成》第 40 冊，線裝書局，2005 年。

39. 于省吾：《雙劍誃吉金文選》，《金文文獻集成》第 25 冊，線裝書局，2005 年。

40. 于省吾主編：《甲骨文字詁林》第 1 冊，中華書局，1999 年。

41. 于琨奇：《秦漢糧食畝產量考辨》，《中國農史》1990 年 1 期。

42. 余永梁：《金文地名考》，《金文文獻集成》第 40 冊，線裝書局，2005 年。

43. 葉達雄：《西周土地制度探研》，《臺灣大學歷史系學報》1988 年 14 期。

44. 姚孝遂主編：《殷墟甲骨刻辭類纂》，中華書局，1989 年。

45. 應萌：《金文所見西周貢賦制度及相關問題的初步研究》，中國社科院研究生院 2003 年碩士論文。
46. 袁林：《兩周土地制度新論》，東北師範大學出版社，2000 年。
47. 袁豔玲：《周代青銅禮器的生產與流動》，《考古》2009 年 10 期。
48. 袁金平：《新見西周琱生尊銘文考釋》，先秦史研究室網站，2006 年 12 月 9 日。

Z

1. 中國社科院考古所編：《殷周金文集成》，中華書局，1984 年至 1994 年。
2. 〔台〕鍾柏生、陳昭容等編：《新收殷周青銅器銘文暨器影彙編》，臺灣藝文印書館，2006 年。
3. 中國社科院考古所：《殷周金文集成釋文》，香港中文大學中國文化研究所，2001 年。
4. 中國社科院考古所：《新出金文分域簡目》，《金文文獻集成》第 42 冊，線裝書局，2005 年。
5. 中國社科院考古所編：《新中國的考古發現和研究》，文物出版社，1984 年。
6. 中國社科院考古所編：《新中國的考古發現和研究》，方志出版社，2007 年。
7. 中國社科院考古所編：《甲骨文編》，中華書局，1965 年。
8. 中國科學院考古所編：《長安張家坡西周銅器群》，文物出版社，1965 年。
9. 中國青銅器全集編輯委員會編：《中國青銅器全集》（全十六冊），文物出版社，1996 年。
10. 張家山二四七號漢墓竹簡整理小組：《張家山漢墓竹簡・二年律令》，文物出版社，2006 年。
11. 中國社會科學院考古研究所、北京市文物研究所琉璃河考古隊：《北京琉璃河 1193 號大墓發掘簡報》，《考古》1990 年 1 期。
12. 趙儷生：《中國土地制度史》，齊魯書社，1984 年。
13. 趙鵬：《西周金文量詞析論》，《北方論叢》2006 年 2 期。

14. 趙世超：《周代國野制度研究》，陝西人民出版社，1991 年。
15. 趙世超、李曦：《西周不存在井田制》，《人文雜誌》1989 年 5 期。
16. 趙光賢：《周代社會辨析》，人民出版社，1980 年。
17. 趙光賢：《從裘衛諸器銘看西周的土地交易》，《北京師範大學學報》（社科版）1979 年 6 期。
18. 趙振華、申建偉：《洛陽東郊 C5M906 號西周墓》，《考古》1995 年 9 期。
19. 趙誠：《二十世紀金文研究述要》，書海出版社，2003 年。
20. 朱德熙：《朱德熙文集》第 5 卷，商務印書館，1999 年。
21. 朱鳳瀚、張榮明編：《西周諸王年代研究》，貴州人民出版社，1998 年。
22. 朱鳳瀚：《古代中國青銅器》，南開大學出版社，1995 年。
23. 朱鳳瀚：《中國青銅器綜論》，上海古籍出版社，2009 年。
24. 朱鳳瀚：《商周家族形態研究》（增訂本），天津古籍出版社，2004 年。
25. 朱鳳瀚：《士山盤銘文初釋》，《中國歷史文物》2002 年 1 期。
26. 朱鳳瀚、張榮明 編：《西周諸王年代研究》，貴州人民出版社，1998 年。
27. 朱鳳瀚：《西周金文中的「取徵」與相關諸問題》，《古文字與古代史》第 1 輯，〔台〕中央研究院歷史語言研究所，2007 年。
28. 朱鳳瀚：《〈召誥〉、〈洛誥〉、何尊與成周》，《歷史研究》2006 年 1 期。
29. 朱鳳瀚：《射壺銘文考釋》，《古文字研究》第 28 輯，中華書局，2010 年。
30. 朱鳳瀚：《琱生簋銘新探》，《中華文史論叢》1989 年第 1 期。
31. 朱德才選注：《辛棄疾詞選》，人民文學出版社，1988 年。
32. 張懋鎔：《古文字與青銅器論集》第 1 輯，科學出版社，2002 年。
33. 張懋鎔：《古文字與青銅器論集》第 3 輯，科學出版社，2010 年。
34. 張懋鎔：《周人不用日名說》，《歷史研究》1993 年 5 期。
35. 張懋鎔：《周人不用族徽說》，《考古》1995 年 9 期。
36. 張懋鎔：《再論「周人不用日名說」》，《文博》2009 年 3 期。
37. 張懋鎔：《金文字形書體與二十世紀的西周銅器斷代研究》，《古文字研究》第 26 輯，中華書局，2006 年。

38. 張懋鎔：《西周方座簋研究》，《考古》1999 年 12 期。
39. 張懋鎔：《兩周青銅盨研究》，《考古學報》2003 年 1 期。
40. 張懋鎔：《試論西周青銅器演變的非均衡性問題》，《考古學報》2008 年 3 期。
41. 張懋鎔：《靜方鼎小考》，《文物》1998 年 5 期。
42. 張懋鎔：《兩周青銅盨研究》，《考古學報》2003 年 1 期。
43. 張懋鎔：《靜方鼎小考》，《文物》1998 年 5 期。
44. 張經：《西周土地關係研究》，中國大百科全書出版社，2006 年。
45. 張經：《賢簋新釋》，《中原文物》2002 年 3 期。
46. 張經：《曶鼎新釋》，《故宮博物院院刊》2002 年 4 期。
47. 張經：《西周金文中的土與田》，《農業考古》2006 年 4 期。
48. 張亞初：《殷周金文集成引得》，中華書局，2001 年。
49. 張亞初、劉雨：《西周金文官制研究》，中華書局，1986 年。
50. 張亞初：《太保罍、盉銘文的再探討》，《考古》1993 年 1 期。
51. 張亞初：《燕國青銅器銘文研究》，《中國考古學論叢——中國社會科學院考古研究所建所 40 週年紀念》，科學出版社，1993 年。
52. 張亞初：《兩周銘文所見某生考》，《金文文獻集成》第 40 冊，線裝書局，2005 年。
53. 張亞初：《談多友鼎銘文的幾個問題》，《金文文獻集成》第 28 冊，線裝書局，2005 年。
54. 張聞玉：《曶鼎王年考》，《貴州社會科學》1988 年 2 期。
55. 張振林：《試論銅器銘文形式上的時代特徵》，《古文字研究》第 5 輯，中華書局，1981 年。
56. 張振林：《先秦「要」、「婁」二字及相關字辨析——兼議散氏盤之主人與定名》，《第三屆國際中國古文字學研討會論文集》，香港中文大學中國文化研究所，1997 年。
57. 張培瑜、周曉陸：《吳虎鼎銘紀時討論》，《考古與文物》1998 年 3 期。
58. 張伯元：《出土法律文獻研究》，商務印書館，2005 年。

59. 張全民：《〈周禮〉所見法制研究（刑法篇）》，法律出版社，2004 年。

60. 張世超、孫凌安等：《金文形義通解》，中文出版社，1996 年。

61. 張世超：《西周訴訟銘文中的「許」》，華東師範大學中國文字研究與應用中心主辦「網絡時代與中國文字研究」國際高級專家研討會會議論文，2010 年 9 月 16 至 19 日。

62. 張玉金：《西周金文中「氒」字用法研究》，《古文字研究》第 25 輯，中華書局，2004 年。

63. 張敏：《宜侯夨簋軼事》，《東南文化》2000 年 4 期。

64. 張波：《周畿求耦——關於古代耦耕的實驗、調查和研究報告》，《農業考古》1987 年 1 期。

65. 張守中：《睡虎地秦簡文字編》，文物出版社，1994 年。

66. 張聯社：《耒耕農地開發面積推測小例》，《中國歷史地理論叢》1996 年第 4 期。

67. 張光裕：《新見曶簋銘文對金文研究的意義》，《文物》2000 年 6 期。

68. 張光裕：《讀新見西周𤔲簋銘文札迻》，《古文字研究》第 25 輯，中華書局，2004 年。

69. 張桂光：《古文字中的形體訛變》，《古文字研究》第 15 輯，中華書局，1986 年。

70. 張桂光：《周金文所見「井侯」考》，載入《黃盛璋先生八秩華誕紀念文集》，中國教育文化出版社，2005 年。

71. 張靜：《商周青銅甗初論》，西北大學 2002 年碩士論文。

72. 張婷：《商周青銅盤的初步研究》，西北大學 2004 年碩士論文。

73. 張婷，劉斌：《淺析商周青銅器上的圓渦紋》，《四川文物》2006 年 5 期。

74. 張小麗：《出土商周青銅尊研究》，西北大學 2004 年碩士論文。

75. 張筱衡：《散盤考釋（上、下）》，《金文文獻集成》第 29 冊，線裝書局，2005 年。

76. 張傳璽：《論中國古代土地私有制形成的三個階段》，《北京大學學報》1978 年 2 期。

77. 張天恩：《論西周采邑制度的有關問題》，《考古與文物》2008 年 2 期。
78. 張政烺：《張政烺文史論集》，中華書局，2004 年。
79. 周蘇平、張懋鎔：《中國古代青銅器紋飾淵源試探》，《文博》1986 年 6 期。
80. 周瑗：《矩伯、裘衛兩家族的消長與周禮的崩壞——試論董家村青銅器群》，《文物》1976 年 6 期。
81. 周自強主編：《中國經濟通史．先秦》，經濟日報出版社，2007 年。
82. 周新芳：《本世紀以來井田制有無之爭述略》，《江海學刊》1997 年 5 期。
83. 周耘暉：《周代的土地制度與井田》，《食貨》第 1 卷，1935 年。
84. 周寶宏：《近出西周金文集釋》，天津古籍出版社，2005 年。
85. 周寶宏：《西周青銅重器銘文集釋》，天津古籍出版社，2007 年。
86. 周法高：《金文詁林》，香港中文大學，1974 年。
87. 周曉陸：《西周「徠器」及相關問題探討》，《南京大學學報》2003 年 4 期。
88. 周言：《釋「小臣」》，《華夏考古》2000 年 3 期。
89. 周書燦：《邢侯簋與西周服制——兼論西周邢國始封地望及有無「遷封」問題》，《四川文物》2010 年 3 期。
90. 周書燦：《20 世紀以前的〈周禮〉學述論》，《河北師範大學學報》(哲社版) 2006 年 4 期。
91. 章炳麟：《論散氏盤書二箚》，《金文文獻集成》第 29 冊，線裝書局，2005 年。
92. 左言東：《西周官制概述》，《金文文獻集成》第 40 冊，線裝書局，2005 年。
93. 曾廣亮：《山西省文物商店收進春秋虞侯壺》，《文物》1980 年 7 期。
94. 宗德生：《試論西周金文中的「周」》，《金文文獻集成》第 40 冊，線裝書局，2005 年。
95. 鄭剛：《周代的賦》，《第四屆國際中國古文字學研討會論文》，2003 年 10 月 15～17 日。

96. 鄭慧生：《商代的農耕活動》，《甲骨文獻集成》第 26 冊，四川大學出版社，2001 年。

後　記

感謝白於藍師的鞭策，論文終於寫出來了。

2008 年剛上博士的時候，我就決定做先秦土地制度。當時可能沒有意識到，這個決定差一點沒讓自己走上絕路。

在很長一段歷史時期，先秦土地問題都不是一個純粹的學術問題，其中牽扯了太多政治恩怨、學派恩怨、個人恩怨，再加上材料的稀缺性，幾乎任何人都可以馳騁想像力，對先秦土地問題大發議論，而且常常把地制和稅制、西周和春秋、古代和現代、中國和西方糾纏在一起。乍一看，這簡直就是「一鍋粥」！面對這樣的局面，想要弄出一個細緻、清楚、完整的研究綜述，並且再往前走一點，談談前人沒有發現的問題，說說前人沒有說過的話，對我而言，這幾乎是不可能完成的事。因此，我曾感到異常苦惱和煩悶，幾乎絕望。絕望不是說生活沒有出路，而是說，經過很多年的努力，最終的發現卻是自己根本不適合做學問！這無疑是對一個人精神、意志最大的嘲諷和致命的打擊，簡直比殺頭還可怕！2008 年秋至 2009 年冬這段時間，我的世界大概就是這個樣子。

在忙碌和鬱悶中，研究工作還在一點一點地做。搜集研究成果，分類，讀論文，做摘要，排比《左傳》、《國語》中的土地史料等，這個時候真的好像是「知其不可而為之者」。

2010 年 2 月，我在潮州過春節，時間相對充裕，開始排比最後一個領域的先秦土地史料——西周金文。當我把金文中的土地史料和各家的說法進行對比時，各種各樣的問題就浮出水面了。人們常說，山重水複疑無路，柳暗花明又一村。2010 年就是我的「又一村」。

利用金文研究西周土地問題，郭沫若、唐蘭、徐中舒等古文字學巨擘都曾做過工作，當今也有不少學者在這方面做出了驕人的成績。但是，由於種種原因，這項工作的系統性還存在強化的餘地。我將這個想法告訴白於藍師，得到老師的肯定和勉勵。於是，我開始有意識地強化金文閱讀，仔細搜羅土田類金文資料，準備博士學位開題報告。然後是通過開題，然後是撰寫學位論文，然後是，論文寫出來了。白於藍師認為，可以參加答辯！

最近這一年半，看上去還比較「順」。這大概是應了一句俗話：一塊石頭放懷裏揣三年，也該捂熱了。當然，因為資質愚魯，我對時間的把握不夠好，「緒論」中規劃的「餘論」還沒有做出來。心中頗覺不安，在此要向專家、同好表示歉意！

自 2004 年從中學辭職讀研至今，一晃七年時間過去了。最近常嘮叨一句話，「抗戰都快結束了」，感慨啊！這些年得到過無數師友的幫助和勉勵，在此要向大家表示誠摯的謝意！

首先，要感謝我的導師白於藍先生。於藍師讀遍從甲骨文至秦漢簡牘的所有早期中國出土文獻，博聞強記，學問精湛。忝列於藍師門牆，我真是三生有幸！更可貴的是，於藍師還有一副菩薩心腸，為我們這些學生操碎了心。就我個人而言，在此僅舉兩例：其一，於藍師曾為我的出路問題摔壞了眼鏡，眼角出血；其二，為了批閱我的學位論文，於藍師曾熬夜至淩晨（2011 年 3 月 6 日）四點二十一分，然後發短信告訴我論文看完了；而此時，我早已鼾聲如雷！因為倔強愚憨，我常常令恩師失望而不自知。往事歷歷在目，觸景則情生，請允許學生再說一次：「於藍師，您辛苦了，謝謝您！」

師母張淑一教授對我的學習、生活非常關心。師母能烹製一手可口的飯菜。無數次到老師家請教問題，師母都要我留下吃飯。師母知道我飯量大，準備特別豐盛。我也毫不拘束，每每大快朵頤，至今回味！謝謝師母！

還要感謝代繼華老師。代老師出入經史，博學多趣。和代老師閒聊，也能大長見識，正所謂一席話勝十年書。代老師能面責我的過失，就像慈父一般教給我說話、做人、處事的道理。在學位論文的修改階段，代老師又抽出寶貴的時間閱讀我的論文，提出許多寶貴的修改意見。謝謝代老師！

早在這篇論文的開題報告會上，陳長琦教授、李凭教授、林中澤教授就為本文的撰寫提出了非常中肯的意見，我據此調整了論文提綱，使之更加規範。謝謝陳長琦老師、李凭老師、林中澤老師！

原廣東商學院財稅系系主任王學禮教授為我開列書目，指導我閱讀《國富論》、《資本論》以及財政學理論著作，幫助我打開視野，使我對社會經濟結構及其變遷對社會發展的影響有了比較深刻的認識。謹致謝意！

回憶當年考研時，湯志彪兄讓我睡他的床位，而他自己到別的宿舍「蹭床」，寒冬臘月僅以毛巾被禦寒過夜，至今思之，頗為感念。同窗牛新房博士、師弟劉德浩、歐波、師妹肖時花為本文寫作提供了大量資料。北京師範大學博士劉愛華兄不辭辛勞，三番五次到國家圖書館幫我複印資料。私立華聯學院會計學系 06 級財管專業黃幫雲君幫我從北京帶回論文資料。好友當中，經常和劉中柱博士（數學）、楊剛博士（教育技術）暢談思維、社會、人生，獲益良多。在此，我要說：「謝謝你們！」

感謝初中班主任徐義聰老師，把我推薦給四川瀘州市育才中學！感謝育才中學周潤民校長，為我提供免費的高中教育！感謝我的中學語文老師周渝先生，是您點燃我對人生的無線熱望！

感謝我的家人。首先是風燭殘年的老祖母，是您含辛茹苦把我養大，而我卻長年在外求學，無法報答您的養育之恩！謝謝妻子鄭華女士，儘管生活清貧，依然堅決支持我完成學業！

回顧去年十一月，論文寫到一半時，感覺寸步難行，胸臆激蕩，因賦小詩：

名山述業

少年意氣游大川，千里獨行囊自擔。
初上峨眉夏日正，再登樂山秋月殘。
青衣江表尋文豹，劍門關外覓詩仙。
述業未竟情難已，回望窗櫺夜雨寒。

而今空文初就，《行路難》大約可以名狀彼時此刻的心境：

行路難！行路難！多歧路，今安在？
長風破浪會有時，直掛雲帆濟滄海。

瀘州 唐洪志
2011 年於廣州

出版說明

本文作於 2010 年秋至 2011 年春，原計畫中還有部分內容沒有寫出。畢業之後，碌碌終日以謀稻粱，難於再凝心聚力去思考這個老大難的問題，論文一直沒有修訂完整。此處呈現給讀者的，大體還是十年前的舊文。愧甚！

修訂之處：第二章第二節補引嚴志斌《霸伯簋銘文校議》（2020 年），說明豦簋「井〈丹〉五」與井田制無關。此外，讀到吳鎮烽《商周青銅器銘文暨圖像集成續編（第二卷）》（2016 年）衍簋（0455）銘，周王命衍，「錫汝田于盄、于小水」，是為核心土田類金文。因排版煩難，是篇未補充進正文研討。

得益於恩師白於藍教授的推薦，花木蘭出版社應諾惠助出版拙作。出版社楊嘉樂先生、宗曉燕女士等，為拙作的出版盡心接洽。謹致謝忱！

瀘州 唐洪志

2020 年於廣州